내 인생의 마지막
영어 문법

단어의 기능을 중심으로 영어 문장 만들기

이상혁 지음

내 인생의 마지막
영어 문법

연암사

이 책의 첫 번째 독자로서 귀중한 피드백을 보내준
사랑하는 딸 이지수에게 특별한 감사를 표합니다.

I would like to express my special appreciation
to my lovely daughter Jisoo LEE
for her invaluable feedback as the first reader of this book.

영어능력은
중요한 삶의 고비고비마다
성공과 실패를 판가름하는
결정적인 요소이다.

단어의 기능을 중심으로
영어 문장 만들기

영어로 의사소통할 수 있는 능력의 차이가 입학, 학업, 취업, 업무, 사업 등 한 개인이 일생 동안 마주하게 되는 중요한 삶의 고비 고비마다 성공과 실패를 판가름하는 결정적인 요소 중 하나라는 엄

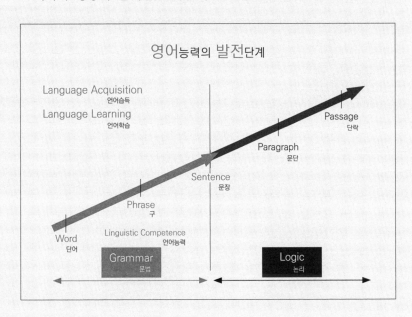

내 인생의 마지막 영어 문법_ **7**

연한 현실을 부정하기는 어렵다. 따라서 영어 공부의 중요성은 아무리 강조해도 결코 지나치지 않다. 그렇다면 과연 영어 공부란 무엇인가? 일차적으로 단어와 구를 넘어 문장 차원에서 영어로 듣기, 읽기, 말하기, 글쓰기 형식의 의사소통을 자유롭게 할 수 있는 수준의 영어능력을 갖추기 위한 공부이다. 물론, 궁극적으로는 문장을 넘어 문단과 단락 차원에서 영어로 자유롭게 의사소통하는데 필요한 논리의 개념 또한 공부해야 한다. 다만, 영어 문법이 핵심 주제인 이 책은 오로지 영어 공부의 일차적 목표인 '문장 차원의 영어 의사소통'에만 그 초점을 두고 있다.

우선, 영어 문장이란 각각 고유한 '의미'와 문법적 '기능'을 가지고 있는 여러 개의 단어 혹은 구를 어떤 규칙에 따라 조합해서, (각각의 단어 혹은 구가 전달하는 의미보다 더 큰) 하나의 의미를 상대방에

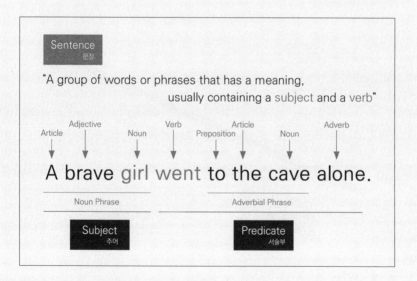

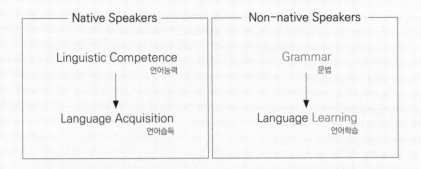

Native Speakers	Non-native Speakers
Linguistic Competence 언어능력	Grammar 문법
↓	↓
Language Acquisition 언어습득	Language Learning 언어학습

게 전달하는 언어의 단위이다. 예를 들어, 'a, brave, girl, went, to, the, cave, alone'은 각각 서로 다른 의미와 기능을 가지고 있는 8개의 단어이다. 이것들을 어떤 규칙에 따라 조합하면, "용감한 한 소녀가 홀로 그 동굴로 갔다."라는 의미를 전달하는 1개의 완전한 영어 문장이 된다. 물론, 2개 이상의 단어들이 모여 'a brave girl'이라는 명사구와 'to the cave'라는 부사구도 만들어졌다. 원칙적으로 영어 문장은 1개의 주어와 1개의 동사 즉, 서술어를 중심으로 한 서술부로 구분된다. 물론, 동사의 문법적 '기능'의 차이에 따라 보어 혹은 목적어가 필요한 경우도 있다.

그렇다면 문장 차원에서 영어로 자유롭게 의사소통할 수 있는 사람들은 과연 어떻게 단어 혹은 구를 조합하여 영어 문장을 만드는 규칙을 알게 된 것일까? 우선, 모국어로 영어를 사용하는 사람들은 일정 기간 동안 해당 언어사회에 노출되면 단어 혹은 구를 조합하여 문장을 만드는 규칙을 자연스럽게 알게 된다. 이러한 자연스러운 과정을 언어습득이라고 표현한다. 다른 동물들과는 달리 오로지 인간만이 가지고 있는 독특한 언어능력 때문에 언어습득이 이루어진다. 예를 들어, 평범한 미국인의 경우 10대 중반 정도만 되어도 문장 차원에서 영어로 듣기, 읽기, 말하기, 글쓰기 형식의 의사소통을 하는데 큰 문제가 없다. 다만, 정규 학교 교육을 통해 제대로 공부한 사람과 그렇지 못한 사람들 간의 영어능력 차이는 특히 관사와 일치라는 측면에서 주로 드러난다.

한편, 한국어에 대한 기본적인 언어능력이 있다는 전제 하에 영어를 사용하는 공간에 2~3년 정도 자연스럽게 노출된 경험을 가진 평범한 한국 학생들의 경우, 평균 10명 중 4~6명 정도가 문장 차원에서 영어로 자유롭게 의사소통하는 것이 어느 정도 가능하다. 예를 들어, 부모님의 해외근무, 본인의 조기유학 등의 이유로 미국, 영국, 캐나다, 호주, 뉴질랜드 등 영어를 공용어로 사용하는 국가의 학교 혹은 비영어권 국가의 국제학교에서 2~3년 정도 공부한 경험이 있는 10대 중반의 한국 학생 10명이 TOEFL 시험을 보면, 이 중에 4~6명이 100~105점 정도의 점수를 획득한다. 이 점수는 문장 차원에서 영어로 듣기, 읽기, 말하기, 글쓰기 형식의 의사소통이 어느 정도 가능하다는 것을 의미한다. 물론, 관사와 일치 관련 오류를 극복하지 못한 경우는 여전히 적지 않다.

이에 반해, 대다수의 한국 사람들과 같이 외국어로 영어를 사용하는 사람들은 오랜 기간에 걸친 인위적인 공부를 통해서만 단어 혹은 구를 조합하여 영어 문장을 만드는 규칙을 알게 된다. 이러한 인위적인 과정을 언어학습이라고 표현한다. 영어에 대한 자연스러운 언어능력이 없는 외국인들의 경우, 반드시 영어 문법이라는 효율적인 도구를 활용하여 언어학습을 진행한다. 예를 들어, 나이가 좀 있는 독자들의 경우 『기본영어』, 『성문기본영어』, 『맨투맨기본영어』, 『성문종합영어』, 『맨투맨종합영어』 등의 책 이름을 들어 보았을 것이다. 큰 마음 먹고 제1장 명사부터 공부를 시작했지만, 몇 페이지 넘기지 못하고 흐지부지되었던 추억도 있을 것이다. 이러한 책들을 통해 공부했던 명사, 관사, 동명사, To 부정사 등의 내용이 바로 문장을 만드는 규칙을 정리한 것이다.

결국, 외국어인 영어로 의사소통을 해야 하는 대부분의 평범한 한국 사람들의 경우, 문장 차원의 의사소통을 위해서는 영어 문법을 공부해야 한다. 심지어 영어를 모국어로 습득한 경우에도, 보다 정확하고, 표준적이며, 정중한 영어 문장을 사용할 수 있기 위해서는 반드시 영어 문법을 공부해야 한다. 잠깐! 좀 이상하지 않은가? 아마도 "문법 중심의 영어 교육이 한국인의 영어 실력을 망쳤다."라는 비난을 한 번쯤 들어 보았을 것이다. 그런데 또 다시 문법을 공부하라고? 사실 이러한 비난은 틀린 말이다. 문제의 본질은 '문법 중심의 교육'이 아니라, 오히려 '잘못된 영어 문법을 엉터리로 가르친 것'이다. 특히, 영어 문법의 본질을 정확하게 전달하지 못하는 잘못된 '한자어 번역'과 맹목적 '한국어 표기'로 인해 벌어지는 용어의 혼란과 개념의 왜곡이 매우 심각하다.

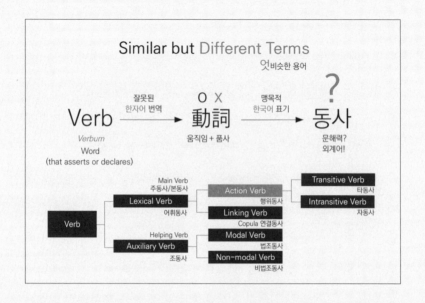

예를 들어, 일정 수준 이상의 한자어 교육을 받아서 '動詞'라는 한자어의 뜻을 이해할 수 있는 사람들은 '동사'를 '움직임을 표현하는 단어'로 쉽게 받아들인다. 잠깐! 그런데 뭔가 이상하지 않은가? 'am, are, is'와 같은 영어 'Verb'는 결코 움직임을 표현하는 단어가 아니다. '動詞' 혹은 '동사'로 설명될 수 있는 것은 오직 영어 'Verb'의 여러 가지 종류 중 하나인 '행위동사'뿐이다. '말'을 뜻하는 라틴어 'verbum'에서 유래한 영어 'Verb'는 영어라는 언어 그 자체를 지칭할 만큼 중요한 단어이다. 특히, '주장하거나 선언하는 말' 즉, 서술이라는 문법적 '기능'을 수행함으로써, '영어 문장의 뼈대'를 구성할 만큼 중요한 단어가 바로 영어 'Verb'이다. 결론적으로, 한자어 '動詞' 혹은 한국어 '동사'와 달리, 영어 'Verb'의 사전적 의미는 '행동, 상태 혹은 경험을 지칭하는 단어'이다.

결국, 한자어 '動詞'와 한국어 '동사'는 그저 영어 'Verb'와 '엇비슷한' 용어일 뿐이다. 물론, '비슷한' 부분 때문에 영어 'Verb'를 이해하는데 어느 정도 도움이 된다. 그러나 '어긋난' 부분 때문에 영어 'Verb'의 의미와 기능을 정확하게 이해하는데 심각한 방해가 되는 것 또한 사실이다. 영어 문법이 쉬운 듯하지만 어려운 이유가 바로 이것 때문이다. 특히, 한자어 교육을 적게 받아서 '動詞'라는 뜻을 이해할 수 없는 요즘 세대들에게 한국어 '동사'는 전혀 뜻이 통하지 않는 외계어에 불과하다. 한자어를 제대로 가르치지도 않았고 심지어 잘못된 한자어 번역을 맹목적으로 표기만 해 놓고서, '동사'를 이해하지 못한다고 그들의 '문해력'을 탓하는 것은 매우 무책임하고 무식한 태도이다. 본래 영어의 개념을 설명해주면, 누구나 쉽게 'Verb'의 의미과 기능을 이해할 수 있다.

그렇다면 과연 영어 문법이란 무엇인가? 한국어 '문법'의 사전적 의미는 "말의 구성 및 운용 상의 규칙"이다. 이에 반해, 영어 'Grammar'의 사전적 의미는 "단어를 변경하고 조합하여 문장을 만드는 규칙"이다. 'Grammar'라는 영어 용어가 중국과 일본으로 전래된 후 한자어 '文法'으로 번역되었고, 이것을 한국어 '문법'으로 표기한 것이다. 여기에서 용어 번역상 아쉬움이 매우 크다. 사실 '법'이라는 단어에 대해 한국인들이 일반적으로 가지고 있는 생각은 '법은 반드시 지켜야 해!', '법을 위반하는 것은 나쁜 짓이야!', '불법은 부끄러운 것이야!' 등이다. 그래서 자꾸 '맞는 문장과 틀린 문장'이라는 식으로 접근하려는 경향이 생긴다. 과거에 비해 많이 개선되기는 했지만, 안타깝게도 여전히 학교 영어는 '정답과 오답'을 구분하려는 것에서 크게 벗어나지 못하고 있다.

모든 언어의 본질과 목적은 의사소통이다. 따라서 영어 공부의 본질은 읽고, 듣고, 쓰고, 말하는 영어 의사소통 수준의 향상이다. '정답과 오답'을 구분하고, '틀린 문장'을 쓰면 부끄러워하는 식의 접근 방법은 이제 과감하게 버려야 한다. 영어 문법은 문장 차원에서 영어로 의사소통하는 것을 도와주는 최소한의 규칙일 뿐이다. 다만, 이러한 규칙의 성격은 '규범적'이며 동시에 '서술적'이다. 즉, 영어 문법은 '사전에 규범을 미리 정하고 기록해서 그것을 반드시 따라야 한다는 성격'과 '실제 현실 속에서 사용되고 있는 의사소통을 관찰한 후 그것을 사후에 기록한 서술에 불과하다라는 성격'을 동시에 가지고 있다. 언어학자들이 좋아하는 "언어는 살아있다!"라는 유명한 표현이 있다. 살아있는 모든 것은 새로운 현실에 적응하고 변화한다. 영어 문법도 마찬가지이다.

예를 들어, 세계적 기업인 애플의 창업자이자 혁신의 아이콘으로 평가 받았던 스티브 잡스 때문에 유명해진 "Think different." 라는 표현이 있다. 규범적 측면에서 보면, 이 영어 문장은 명백하게 틀렸다. 왜냐하면 'Think'라는 동사에 의미를 더해 주는 단어는 형용사 'Different'가 아니라 부사 'Differently'이기 때문이다. 만약 형용사 'Different'라는 표현을 반드시 살리고 싶으면 "Think of a different thing." 혹은 "Think in a different way."와 같이 전치사구를 만들어야 한다. 그러나 서술적 측면에서 보면, 영어를 사용하

Language is alive!
언어는 살아있다!

The essence of language is communication.
언어의 본질은 의사소통이다.

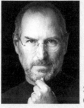

Steve Jobs
(1955 ~ 2011)

"Think different."
다르게 생각하라.

Think differently.
Think of a different thing.
Think in a different way.

는 사람들이 "Think different."라는 표현을 실제 현실 속에서 빈번하게 사용하고 있으며, 이 표현을 통한 의사소통에도 아무런 문제가 없다. 물론, 문법적으로 좀더 바람직한 문장과 그렇지 못한 문장의 구별은 여전히 그 의미가 있다.

몇 해 전 남미 에콰도르 갈라파고스 제도로 초등학생 딸과 아내와 함께 가족 여행을 갔었다. 해안가 조그마한 레스토랑에서 식사를 하는데, 30대 중반의 고등학교 영어 선생님이 남미 특유의 엑센트가 가득한 영어로 대화를 걸어왔다. 7명의 학생들이 직접 만든 영어 팸플릿을 활용하여 영어로 30분 정도 관광지를 설명할 수 있도록 양해를 구했다. 영어 수업 팀 과제였던 것이다. 비록 문법적 오류가 적지 않았지만, 주요 관광지에 대한 그들의 설명은 충분히 전달되었다. 과연 한국의 학교 영어 교육은 어떠한가? 국제적 표준에 맞지 않고 독자적 형태로 진화해서 전세계로부터 고립되는 현상을 흔히 '갈라파고스 증후군'이라고 부른다. 혹시 영어 교육에 있어 한국이 갈라파고스인 것은 아닐까? 갈라파고스에서 겪었던 일이 이 책을 쓰게 된 중요한 계기 중 하나이다.

결론적으로, 영어 문법은 단어 혹은 구를 조합하여 문장을 구성하는 데 필요한 최소한의 규칙이다. 즉, 문장 차원에서 영어로 읽고, 듣고, 쓰고, 말하는 의사소통을 도와주는 필수 도구이다. 한국 사람들과 같이 외국어로 영어를 배우는 경우 문법을 올바르게 학습해야 비로소 문장 차원에서 듣기, 읽기, 말하기, 글쓰기 형식의 의사소

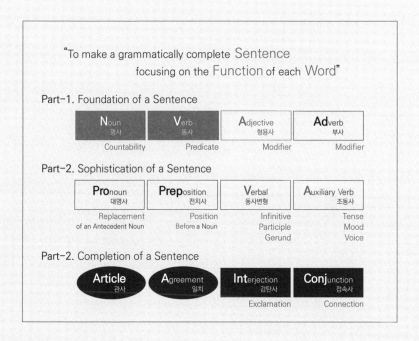

"To make a grammatically complete Sentence
focusing on the Function of each Word"

Part-1. Foundation of a Sentence

Noun 명사	**V**erb 동사	**A**djective 형용사	**Ad**verb 부사
Countability	Predicate	Modifier	Modifier

Part-2. Sophistication of a Sentence

Pronoun 대명사	**Prep**osition 전치사	**V**erbal 동사변형	**A**uxiliary Verb 조동사
Replacement of an Antecedent Noun	Position Before a Noun	Infinitive Participle Gerund	Tense Mood Voice

Part-2. Completion of a Sentence

Article 관사	**A**greement 일치	**Int**erjection 감탄사	**Conj**unction 접속사
		Exclamation	Connection

통을 자유롭게 할 수 있다. 특히, 각 단어의 고유한 '의미'와 문법적 '기능'을 동시에 이해해야 한다. 물론 문법 공부를 통한 언어학습에 더해 영어에 노출되는 절대량을 최대한 늘린다면, 언어습득의 효과도 함께 누릴 수 있다. 한편, 나이가 어릴수록 문장 차원의 의사소통이라는 언어습득의 효과는 더욱 커진다. 따라서, 사회·경제적 고려를 일체 배제하고 오직 영어능력의 향상이라는 측면에서만 보면, 영어 교육의 시작은 빠르면 빠를수록 좋다.

『Dr. LEE의 똑똑영어』 "제3장 기초적 실천" 부분을 보다 구체화한 각론의 성격을 갖는 이 책의 주제는 '단어의 기능을 중심으로 영어 문장 만들기'이다. 한국어 단어와는 확연하게 구별되는 영어 단어만의 독특한 문법적 '기능'을 보다 쉽게 그러나 정확하게 설명함으로써, 독자로 하여금 문법적으로 완전한 영어 문장을 만들 수 있도록 돕는 것이 이 책의 목표이다. 제1부는 명사, 동사, 형용사, 부사의 문법적 '기능'을 중심으로 영어 문장의 기초를 설명한다. 제2부는 대명사, 전치사의 기능은 물론 동사의 변형된 기능과 추가적 기능까지 설명함으로써, 영어 문장의 심화를 다룬다. 제3부는 관사와 일치 관련 각각 3가지 질문과 함께 감탄사와 접속사의 기능까지 다룸으로써, 영어 문장의 완성을 설명한다. 끝으로, 영어 문장부호와 향후 공부 방향에 대해 설명한다.

이 책의 주요 특징은 다음과 같다. 첫째, 영어 단어만이 가지고 있는 독특한 문법적 '기능'의 본질을 '단어 → 구 → 문장'이라는 언어능력의 발전단계에 맞추어 체계적으로 그리고 일관성 있게 설명한다. 둘째, 잘못된 '한자어 번역'과 맹목적 '한국어 표기'로 인해 벌어지는 용어의 혼란과 개념의 왜곡을 일일이 지적하고, 영어 표현 자체에 담겨 있는 영어 문법 본연의 의미를 보다 쉽게 그러나 정확하게 설명한다. 셋째, 그림, 도표 등을 활용한 '시각화' 그리고 누구나 이해할 수 있는 예시를 활용한 '구체화'의 방법으로 명확하게 설명한다. 넷째, 본문의 내용을 활용하여 독자가 영어 문장을 직접 완성해 볼 수 있도록, 다양한 유형의 연습문제와 답안지를 〈부록〉에 별도로 제시한다. 다섯째, 독자의 편의를 위해 영어 문장 아래에 가

급적 직역된 한국어 문장을 제시한다.

이 책은 '자유의 확산'이라는 목표를 위해 필자가 설립한 '연구 공간 자유'의 여섯 번째 연구결과물이다. 과연 '자유'와 '영어 의사소통 능력'이 무슨 관련이 있는 것일까? 지난 수천 년 동안 서양 사회에서는 이상적 인간을 양성하기 위한 7가지 기본과목 즉, '인간을 모든 속박과 억압으로부터 자유롭게 해주는 7가지 기술'을 가르쳤다. 그 중 가장 기초가 되는 3가지 과목Trivium이 문법Grammar, 논리Logic, 수사학Rhetoric이다. 이 책의 이론적 토대가 바로 이들 3가지 과목이다. 이 책을 통해 얻게 될 훌륭한 영어 의사소통 능력을 기반으로, 독자 여러분 한 사람 한 사람이 '보다 나은 세상'을 만드는데 조금이라도 기여하는 21세기의 진정한 자유인이 될 수 있기를 진심으로 응원한다. 부디 이 책이 독자 여러분 인생의 마지막 영어 문법 책이 되기를 진심으로 기원한다.

2023년 8월 연구공간 자유에서

(www.TheInstituteForLiberty.com)

이 상 혁

문제의 본질은
'문법 중심의 교육'이 아니라,
'잘못된 영어 문법을
엉터리로 가르친 것'이다.

단어, 구, 문장
그리고 절

이 책의 주요 특징 중 하나는 누구나 쉽게 이해할 수 있는 구체적 예시를 활용하여 영어 문법 본연의 의미를 보다 쉽게 그러나 정확하게 설명한다는 것이다. 먼저, 아래에 제시된 "행복하고 건강한 조!"라는 제목의 짧은 이야기를 3번만 큰 소리로 읽어보라. 만약 5개

Happy and Healthy Joe!
행복하고 즐거운 조!

Joe gets up really early.
조는 정말 일찍 일어난다.
Wow, he is an early bird!
와우, 그는 아침형 인간이다!
I saw him running around the park.
나는 공원 둘레를 달리는 그를 봤다.
Running gives him a great pleasure.
달리기는 그에게 큰 기쁨을 준다.
To run makes him happy and healthy.
달리기는 그를 행복하고 건강하게 한다.

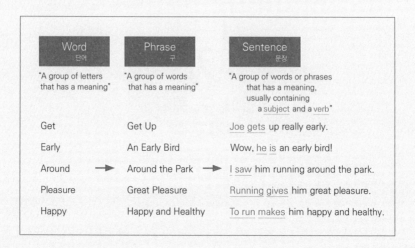

Word 단어	Phrase 구	Sentence 문장
"A group of letters that has a meaning"	"A group of words that has a meaning"	"A group of words or phrases that has a meaning, usually containing a subject and a verb"
Get	Get Up	Joe gets up really early.
Early	An Early Bird	Wow, he is an early bird!
Around	Around the Park	I saw him running around the park.
Pleasure	Great Pleasure	Running gives him great pleasure.
Happy	Happy and Healthy	To run makes him happy and healthy.

의 영어 문장을 읽고 어느 정도 이해된다면, 독자 여러분은 이 책을 통해 영어 문법을 완벽하게 이해하기 위해 필요한 영어 실력을 충분히 갖추고 있는 것이다. 혹여 조금 어려웠더라도, 전혀 걱정할 필요는 없다. 영어 문장 아래에 제시된 한국어 번역을 참고해서 그 의미를 어느 정도 이해하는 것만으로도 충분하다. 이 책의 본문에 제시될 모든 예시 또한 위의 5개 영어 문장을 중심으로 변형된 것들이어서, 누구나 쉽게 이해할 수 있다. 다만, 연습문제는 좀더 높은 수준까지 다루도록 하겠다.

이 책의 본문을 시작하기에 앞서, 먼저 영어 문법 공부에 필요한 단어, 구, 문장 그리고 절이라는 용어의 기본 개념에 대해 간략하게 설명하겠다. 앞서 설명한 바와 같이, 문장 차원의 영어 의사소통은 원칙적으로 단어와 구의 단계를 거쳐 완성된다. 첫째, 영어 단어란 A부터 Z까지 총 26개의 알파벳 글자를 1개 이상 조합한 것으로서 하나의 의미를 전달하는 언어의 단위이다. 즉, 단어는 형식적 측면에서 '1개 이상 알파벳 글자의 조합'이고, 본질적 측면에서 오직 '하나의 의미'만을 전달한다. 예를 들어, 알파벳 글자 E, G, T를 'Get'이라고 조합하면 '얻다, 받다'라는 의미를 가진 1개의 영어 단어가 만들어진다. 또한, 알파벳 글자 A, E, L, P, R, S, U를 'Pleasure'라고 조합하면 '기쁨, 즐거움, 쾌락'이라는 의미를 가진 1개의 영어 단어가 만들어진다.

현재 사용 중인 영어 단어는 약 17만 개로 추정되고, 매년 수천 개의 새로운 영어 단어가 만들어진다. 수없이 많은 영어 단어는 그 문법적 '기능'의 유사성과 차이점을 기준으로 분류된다. 영어에는 기본적으로 명사, 동사, 형용사, 부사, 대명사, 전치사, 감탄사, 접

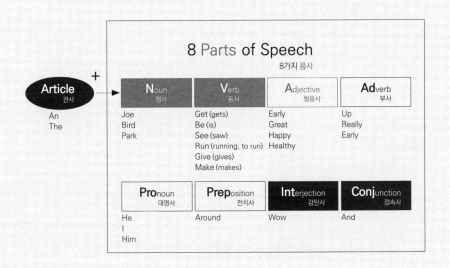

8 Parts of Speech
8가지 품사

Article 관사	Noun 명사	Verb 동사	Adjective 형용사	Adverb 부사
An The	Joe Bird Park	Get (gets) Be (is) See (saw) Run (running, to run) Give (gives) Make (makes)	Early Great Happy Healthy	Up Really Early

Pronoun 대명사	Preposition 전치사	Interjection 감탄사	Conjunction 접속사
He I Him	Around	Wow	And

속사라는 8가지 품사 혹은 단어 분류가 있다. 한편, 명사의 독특한 문법적 '기능'에 의해 결정되는 관사는 8품사에 포함되지 않는다. 다만, 관사 또한 별도의 단어이기에, '8품사 + 관사'라고 표현하기도 한다. "행복하고 건강한 조!"의 이야기에 사용된 총 30개의 단어를 위 도표와 같이 분류할 수 있다. 한편, 한국어 단어는 명사, 대명사, 수사, 조사, 동사, 형용사, 관형사, 부사, 감탄사라는 9가지 품사로 분류된다. 즉, 영어 단어와 한국어 단어는 그 문법적 '기능'이 명백하게 서로 다르다.

둘째, 영어 구란 2개 이상의 단어를 조합한 것으로서 하나의 의미를 전달하는 언어의 단위이다. 즉, 구는 형식적 측면에서 '2개 이상 단어의 조합'이고, 본질적 측면에서 (각각의 단어가 전달하는 의미보다 더 큰) 오직 '하나의 의미'를 전달한다. 예를 들어, 동사 'Get'과 부사 'Up'이라는 2개의 단어를 'Get Up'이라고 조합하면 '일어나다'라는 의미를 가진 구가 완성된다. 'An, Around, Bird, Early, Park, The'라는 단어들을 'An Early Bird'와 'Around the Park'이라고 조합하면 각각 '일찍 일어나는 새 즉, 아침형 인간'과 '공원 둘레에'라는 의미를 가진 구가 만들어진다. 'And, Great, Happy, Healthy, Pleasure'라는 단어들을 'Great Pleasure'와 'Happy and Healthy'라고 조합하면 각각 '큰 기쁨'과 '행복하고 건강한'이라는 의미를 전달하는 구가 만들어진다.

영어 단어와 마찬가지로 영어 구 또한 그 문법적 '기능'의 유사성과 차이점을 기준으로 분류된다. 기본적으로 명사구, 동사구, 형용사구, 부사구가 있다. 아래 밑줄 친 예시와 같이, 2개 이상의 단어들이 조합되어 만들어진 구가 마치 명사, 동사, 형용사, 부사와 같은 문법적 '기능'을 한 문장 내에서 각각 수행한다. 한편, 'Get Up'과 같이 '동사 + 부사/전치사'로 구성되어 원래 동사와는 다른 새로운 뜻을 전달하는 것을 별도로 구동사라고 부른다. 이에 더해, 전치사로 시작하는 2개 이상 단어의 조합인 전치사구도 있는데, 맥락에 따라 형용사 혹은 부사의 기능을 담당한다. 예를 들어, 'around the park'는 장소를 나타내는 부사로서 기능한다. 만약 동일한 문장의 주어를 'I' 대신 'A friend of mine'이라고 변경한다면, 'of mine'은 형용사로서 기능한다.

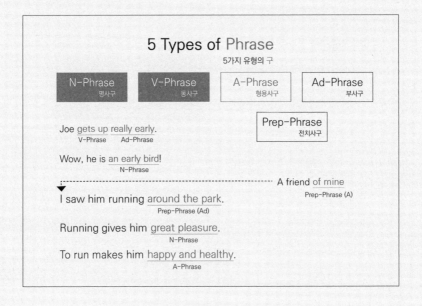

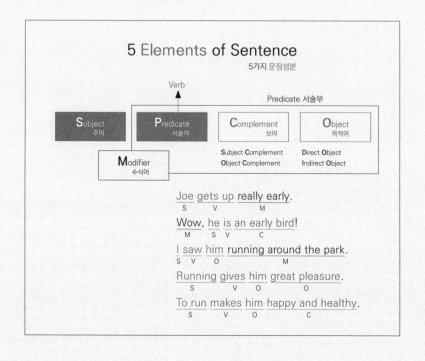

5 Elements of Sentence
5가지 문장성분

Verb

Predicate 서술부

Subject
주어

Predicate
서술어

Complement
보어

Subject Complement
Object Complement

Object
목적어

Direct Object
Indirect Object

Modifier
수식어

Joe gets up really early.
S   V   M

Wow, he is an early bird!
M   S V   C

I saw him running around the park.
S V O   M

Running gives him great pleasure.
S   V   O   O

To run makes him happy and healthy.
S   V   O   C

셋째, 영어 문장이란 2개 이상의 단어 혹은 구를 조합한 것으로서 하나의 의미를 전달하는 언어의 단위이다. 즉, 문장은 형식적 측면에서 '2개 이상 단어 혹은 구의 조합'이고, 본질적 측면에서 (각각의 단어 혹은 구가 전달하는 의미보다 더 큰) 오직 '하나의 의미'를 전달한다. 예를 들어, 'Joe, Get, Up, Really, Early'라는 5개의 단어 혹은 'Joe, Get Up, Really Early'라는 1개의 단어와 2개의 구를 "Joe gets up really early."라고 조합하면, "조는 정말 일찍 일어난다."라는 의미를 전달하는 하나의 문장이 완성된다. 마찬가지로, 여러 가지 단어와 구를 "Wow, he is an early bird!"와 "I saw him running around the park.'라고 조합하면, 각각 "와우, 그는 아침형 인간이다!"와 "나는 공원 둘레를 달리는 그를 봤다."라는 의미를 전달하는 문장이 만들어진다.

위 도표와 같이, 영어 문장은 먼저 2가지 문장성분으로 크게 구분된다. 즉, 주어와 (주어를 제외한) 나머지 모두를 통칭하는 서술부이다. 서술부의 핵심이 되는 단어가 서술어의 역할을 담당하는 동사이다. 동사의 문법적 '기능'의 차이에 따라 보어 혹은 목적어가 필요한 경우도 있다. 한편, 주어, 서술어, 보어, 목적어라는 주요 문장성분에 의미를 더해 주는 것이 수식어이다. 흔히 사용하는 '주어와 동사'라는 표현은 엄격하게 말하면 틀린 표현이다. 왜냐하면 주어는 문장성분이고 동사는 단어의 품사이기 때문이다. 정확하게 표현하면, 문장에서 '서술'이라는 문법적 기능을 담당하는 동사를 '서술어' 그리고 주어를 제외한 나머지 부분을 '서술부'라고 부른다. 결론적으로, 영어 문장은 1개의 '주어'와 1개의 동사를 중심으로 한 '서술부'로 구분된다.

의사소통의 목적 및 문장부호를 기준으로, 영어 문장은 다음과 같은 4가지 유형으로 크게 분류된다. 첫째, 일반적 진술을 전달하고 마침표로 끝나는 평서문이 있다. 둘째, 감탄을 표현하고 느낌표로 끝나는 감탄문이 있다. 셋째, 명령을 전달하고 마침표로 끝나는 명령문이 있다. 넷째, 질문을 전달하고 물음표로 끝나는 의문문이 있다. 영어 문법에 대한 독자들의 정확한 이해를 돕는다는 이 책의 목

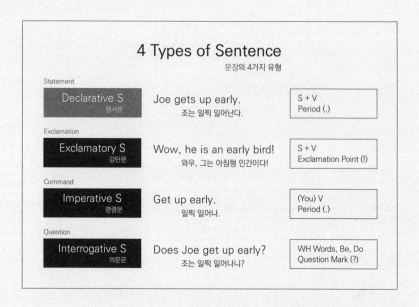

4 Types of Sentence
문장의 4가지 유형

Statement			
Declarative S 평서문	Joe gets up early. 조는 일찍 일어난다.	S + V Period (.)	

Exclamation			
Exclamatory S 감탄문	Wow, he is an early bird! 와우. 그는 아침형 인간이다!	S + V Exclamation Point (!)	

Command			
Imperative S 명령문	Get up early. 일찍 일어나.	(You) V Period (.)	

Question			
Interrogative S 의문문	Does Joe get up early? 조는 일찍 일어나니?	WH Words, Be, Do Question Mark (?)	

적에 충실하기 위해, 본문의 예시에는 주로 평서문을 사용하겠다. 다만, 〈부록〉의 연습문제에는 다른 유형의 문장도 함께 활용하겠다. 한편, 영어 문장부호란 "글에서 구와 문장의 구분을 보여주는 특별한 표시 혹은 그러한 표시의 사용"을 의미한다. 영어 문장부호의 다양한 유형 및 각각의 독특한 용법은 제3부가 끝난 후 별도로 자세하게 정리하겠다.

한편, 영어 절이란 2개 이상의 단어 혹은 구를 조합한 것으로서 (각각의 단어 혹은 구가 전달하는 의미보다 더 큰) 하나의 생각을 전달하고, 주어와 서술어로 사용된 동사를 포함하고 있으며, 문장의 한 부분으로 기능하는 언어의 단위이다. 즉, 절은 문장과 동일하게 형식적 측면에서 '2개 이상 단어 혹은 구의 조합'이고, '주어 + 서술어'

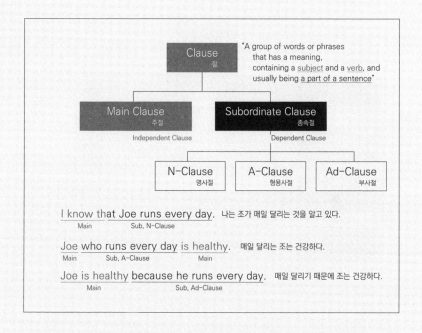

이다. 본질적 측면에서도 절은 '하나의 생각'을 전달한다. 그러나 절은 오직 문장의 한 부분으로서 기능한다는 측면에서 문장과는 확연하게 구별된다. 예를 들어, 'Joe is healthy.'는 완전한 문장이면서 동시에 주절이다. 여기에 'who runs every day'라는 종속절을 'Joe'라는 명사를 수식하는 형용사절로 사용할 수 있다. 위의 예시와 같이, 한 문장 내에서 종속절은 형용사절 이외에 명사절 혹은 부사절의 기능으로도 사용된다.

한편, 하나의 영어 문장 속에 있는 절의 수와 성격을 기준으로, 영어 문장의 구조를 다음과 같은 4가지 유형으로 크게 분류할 수 있다. 첫째, 1개의 주절로 만들어진 단문이 있다. 둘째, 접속사에 의해

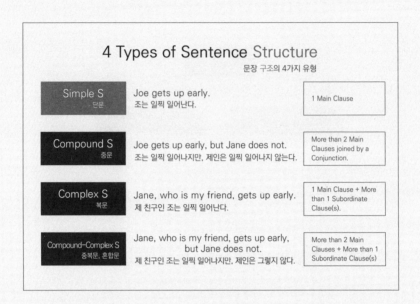

4 Types of Sentence Structure
문장 구조의 4가지 유형

Simple S 단문	Joe gets up early. 조는 일찍 일어난다.	1 Main Clause
Compound S 중문	Joe gets up early, but Jane does not. 조는 일찍 일어나지만, 제인은 일찍 일어나지 않는다.	More than 2 Main Clauses joined by a Conjunction.
Complex S 복문	Jane, who is my friend, gets up early. 제 친구인 조는 일찍 일어난다.	1 Main Clause + More than 1 Subordinate Clause(s).
Compound-Complex S 중복문, 혼합문	Jane, who is my friend, gets up early, but Jane does not. 제 친구인 조는 일찍 일어나지만, 제인은 그렇지 않다.	More than 2 Main Clauses + More than 1 Subordinate Clause(s)

2개 이상의 주절이 연결되어 만들어진 중문이 있다. 셋째, 1개의 주절과 1개 이상의 종속절로 만들어진 복문이 있다. 넷째, 2개 이상의 주절과 1개 이상의 종속절로 만들어진 중복문이 있다. 특히, 중복문 형식의 영어 문장을 읽거나 들을 때면, 매우 복잡하고 어렵다고 느끼는 사람들이 적지 않다. 언어의 본질인 효율적 의사소통에 기여하는 영어 문장의 간결성이라는 측면에서 평가하자면, 중복문 형식의 문장 구조는 결코 바람직하지 않다. 따라서 이 책의 본문에서는 원칙적으로 단문의 예시를 사용하고, 일부 필요한 경우에 한하여 중문과 복문의 예시도 함께 활용하겠다.

영어 공부의 일차적 목표는
단어와 구를 넘어 문장 차원에서
영어로 듣기, 읽기, 말하기,
글쓰기 형식의 의사소통을
자유롭게 할 수 있는 것이다.

차례

제3부 영어 문장의 완성

제1부
영어 문장의 기초

FOUNDATION OF A SENTENCE

GRAMMAR

Noun

1장. 단어 공부의 출발, 명사

기능 '셀 수 있는지 여부' Countability

명사의 개념

영어 문장의 기초를 위한 영어 단어 공부의 출발은 명사이다. '이름'을 뜻하는 한자어 '名'과 '말씀'을 뜻하는 한자어 '詞'를 한국어로 표기한 '명사'의 사전적 의미는 "사물의 이름을 나타내는 품사"이다. 한편, '이름'을 뜻하는 라틴어 *nomen*에서 유래한 영어 명사

명사　名詞
Noun
nōmen　　"name"

"a word that refers to a person, place, object,
event, substance, idea, feeling or quality" (Cambridge Dictionary)

는 "사람, 장소, 대상, 사건, 물질, 생각, 느낌 혹은 성질을 지칭하는 단어"를 의미한다. 양적 측면에서 전체 영어 단어들 중 그 수가 가장 많은 것이 명사이다. 심지어 갓난아이가 처음으로 습득하여 입 밖으로 내뱉는 'Mama'와 'Papa'도 명사이다. 옥스퍼드 영어사전의 통계에 따르면, 전체 영어 단어들 중 약 50%가 명사이다. 따라서, 명사의 고유한 '의미'와 문법적 '기능'을 정확하게 이해하고 올바르게 활용하지 못하고서는 문장 차원의 영어 의사소통이라는 영어 공부의 일차적 목표를 달성할 수 없다.

영어 명사는 다양한 기준에 따라 여러 가지 유형으로 분류된다. 먼저, '특정 대상에게만 적절한 이름'인 고유명사가 있다. 영어 'Proper Noun'을 한자어 '固有名詞'로 번역하고, 이것을 한국어 '고유명사'로 표기한 것이다. 예를 들어, 'Adam Smith'는 경제학의 바이블로 평가를 받는 『국부론*The Wealth of Nations*』(1776)의 저자에게만 적절한 이름이고, 'Theodore Roosevelt'는 뉴욕시 경찰감독위원

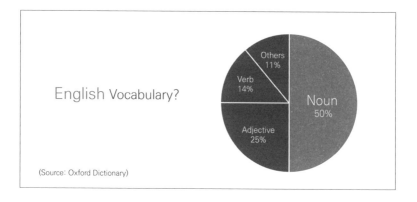

English Vocabulary?

Others 11%
Verb 14%
Noun 50%
Adjective 25%

(Source: Oxford Dictionary)

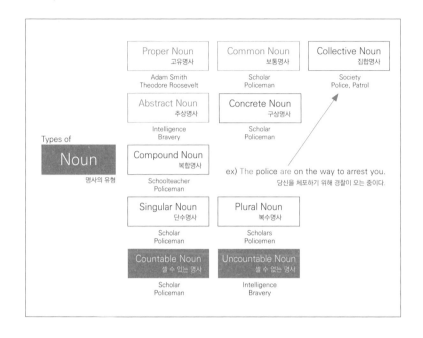

회 의장과 26대 미국 대통령을 역임했던 정치인에게만 적절한 이름
이다. 따라서 'Adam Smith'와 'Theodore Roosevelt'는 고유명사
이다. 영어 공부의 초보 단계에서 고유명사의 중요성은 그렇게 크지
않다. 그러나 영어능력의 발전단계가 높아질수록 그 중요성은 더욱
커진다. 특히, 특정 분야에 대한 지식이 늘어남에 따라, 관련 고유명
사를 더 많이 알게 된다.

　　다음으로, '여러 특정 대상에 공통적으로 붙이는 이름'인 보통
명사가 있다. 영어 'Common Noun'을 한자어 '普通名詞'라고 번
역하고, 이것을 한국어 '보통명사'로 표기한 것이다. 아쉬움이 매우
큰 번역이다. 사실, '보통'보다 '공통共通'이라는 한자어/한국어 번역

Examples of Collective Nouns

집합명사의 예시

People	Animals	Things
An army of soldiers	An army of ants	An album of photos
A band of men	A cloud of insects	A basket of fruits
A bevy of girls	A colony of seals	A batch of cookies
A cast of actors	A flight of birds	A carton of cigarettes
A choir of singers	A flock of sheep	A fleet of ships
A class of students	A herd of cattle	A galaxy of stars
A group of people	A hive of bees	A pack of cards
A hack of smokers	A kennel of dogs	A pair of shoes
A patrol of policemen	A sloth of bears	A set of clubs
A stack of librarians	A train of camels	A string of pearls

이 영어 본연의 의미를 좀더 정확하게 전달한다. 예를 들어, 'Adam Smith', 'Albert Einstein', 'Sigmund Freud' 등과 같은 특정 대상에 공통적으로 붙일 수 있는 이름은 '학자'이다. 또한 'Theodore Roosevelt', 미국 프로 농구 스타 'Shaquille O'Neal', 로큰롤의 황제 'Elvis Presley' 등에 공통적으로 붙일 수 있는 이름은 (전직 혹은 명예) '경찰관'이다. 특히, 외국어로서 영어를 배우는 한국 사람들의 경우, 자신의 어휘 실력을 높이기 위해 무엇보다 먼저 보통명사에 대한 공부부터 시작하는 것이 좋다.

또한, '사람, 동물, 사물의 집합체에 붙이는 이름'인 집합명사도 있다. 영어 'Collective Noun'을 한자어 '集合名詞'라고 번역하고, 이것을 한국어 '집합명사'로 표기한 것이다. 예를 들어, 여러 명의 경찰관들 즉, 'Policemen' 전체에 대해 집합적으로 붙이는 이름은 'Police'이다. 명사 'Police'는 비록 그 형태가 단수처럼 보이지만, 항상 정관사 'The'와 함께 복수로 사용된다는 점에 특히 유의해야 한다. 또한 여러 명의 학자들 즉, 'Scholars' 전체에 대해 집합적으로 붙이는 이름은 'Society'이다. 위 도표는 자주 사용되는 집합명사의 예시를 사람, 동물, 사물별로 정리한 것이다. 영어 집합명사에 대한 공부는 마치 영어 관용구를 공부하는 것과 같이, 'A choir of singers', 'A flock of sheep', 'A pack of cards' 등과 같은 표현을 하나의 명사구로 외우는 것이 좋다.

한편, '시각, 청각, 후각, 미각, 촉각 등 5가지 감각으로 확인할 수 있는 물리적 대상 즉, 구체적 대상에 붙이는 이름'인 구상명사와 '5가지 감각으로 확인할 수 없는 비물리적 대상 즉, 추상적 개념에 붙이는 이름'인 추상명사도 있다. 영어 'Concrete Noun'과 'Abstract Noun'을 각각 한자어 '具象名詞'와 '抽象名詞'라고 번역하고, 이것을 한국어 '구상명사'와 '추상명사'로 표기한 것이다. 예를 들어, 'Scholar'는 구상명사이고, '학자의 자질 중 하나인 지능'을 의미하는 'Intelligence'는 추상명사이다. 또한 Policeman은 구상명사이고, '경찰관의 자질 중 하나인 용감'을 의미하는 'Bravery'는 추상명사이다. 다만, 구상명사에 대한 번역상 아쉬움이 크다. 특히, 한자어에 익숙하지 않은 사람들의 경우, '구체(적)명사'라는 표현이 의미의 전달에 좀더 효과적일 것이다.

Examples of Irregular Plural Nouns

불규칙한 복수명사의 예시

Sg. Noun	Pl. Noun	Sg. Noun	Pl. Noun	Sg. Noun	Pl. Noun
Alumnus	Alumni	Datum	Data	Nucleus	Nuclei
Analysis	Analyses	Diagnosis	Diagnoses	Oasis	Oases
Apex	Apices	Die	Dice	Ox	Oxen
Appendix	Appendices	Ellipsis	Ellipses	Quiz	Quizzes
Axis	Axes	Focus	Foci (Focuses)	Phenomenon	Phenomena
Bacterium	Bacteria	Foot	Feet	Radius	Radii (Radiuses)
Cactus	Cacti	Fungus	Fungi	Stratum	Strata
Calf	Calves	Goose	Geese	Thesis	Theses
Child	Children	Index	Indices	Tooth	Teeth
Codex	Codices	Knife	Knives	Vita	Vitae
Crisis	Crises	Leaf	Leaves	Vortex	Vortices
Criterion	Criteria	Man	Men	Wife	Wives
Curriculum	Curricula	Mouse	Mice	Woman	Women

이에 더해, '2개 이상의 독립된 단어를 조합'하여 만든 복합명사도 있다. 영어 'Compound Noun'을 한자어 '複合名詞'라고 번역하고, 이것을 한국어 '복합명사'로 표기한 것이다. 예를 들어, 각각 '학교'와 '선생님'을 의미하는 독립된 2개의 영어 명사인 'School'과 'Teacher'를 조합하여 만든 'Schoolteacher'는 '학교 선생님'을 의미하는 복합명사이다. 물론 'a schoolteacher' 대신 명사구 'a school teacher'를 사용할 수도 있다. 또한 각각 '경찰'과 '사람'을 의미하는 독립된 2개의 영어 명사인 'Police'와 'Man'을 조합하여 만든 'Policeman'은 '경찰관'을 의미하는 복합명사이다. 다만, 한 가지 주의할 점은 'a policeman' 대신 'a police man'이라고 표현

Examples of Nouns with the Same Pl. & Sg. Forms
단수와 복수의 형태가 같은 명사의 예시

Aircraft	Dice	Grouse	Patois	Shellfish
Bison	Fish	Halibut	Pike	Shrimp
Bourgeois	Fruit	Hovercraft	Reindeer	Spacecraft
Chassis	Gallows	Mews	Rendezvous	Species
Corps	Goldfish	Moose	Salmon	Swine
Cad	Grapefruit	Mullet	Series	Trout
Deer	Greenfly	Offspring	Sheep	Whitebait

할 수는 없다는 것이다. 물론, 'a policeman' 대신 명사구 'a police officer'를 사용할 수는 있다.

또한, '1명의 사람, 1마리의 동물, 1개의 물건 등에 붙이는 이름'인 단수명사와 '2명 이상의 사람, 2마리 이상의 동물, 2개 이상의 물건 등에 붙이는 이름'인 복수명사가 있다. 영어 'Singular Noun'과 'Plural Noun'을 각각 한자어 '單數名詞'와 '複數名詞'라고 번역하고, 이것을 한국어 '단수명사'와 '복수명사'로 표기한 것이다. 원칙적으로 단수명사에 '~(e)s'를 붙여서 복수명사를 만든다. 예를 들어, 단수명사 'Scholar'의 복수명사는 'Scholars'이다. 다만, 다음과 같은 예외가 있다. 단수명사 'Policeman'의 복수명사는 'Policemen'이다. 또한 'Alumnus', 'Datum', 'Ox'와 같은 단수명사의 복수 형태는 각각 'Alumni', 'Data', 'Oxen'이다. 결국 불규칙한 복수명사는 일일이 외우는 방법밖에 없다. 한편, 위의 도표와 같이, 단수와 복수의 형태가 동일한 명사도 있다.

명사의 기능: '셀 수 있는지 여부' Countability

영어의 경우 반드시 각 단어가 가지고 있는 고유한 '의미'와 문법적 '기능'을 동시에 이해해야 한다. 특히, 영어 명사가 가지고 있는 문법적 '기능'의 핵심은 '셀 수 있는지 여부'이다. 따라서 새로운 명사를 읽거나 들을 때마다 반드시 영어사전을 통해 그 명사가 셀 수 있는지 여부를 매우 민감하게 확인해야 한다. '셀 수 있는지 여부에 대한 민감한 확인'이 바로 영어 문장을 만들기 위한 명사 공부의 본질이다. 만약 셀 수 있다면 '가산명사' 그리고 셀 수 없다면 '불가산명사'라고 한다. 이것은 영어를 한자어로 번역한 '可算名詞'와 '不可算名詞'라는 표현을 한국어로 각각 표기한 것이다. 너무나도 어색한 한자식 표현이라 번역상의 아쉬움이 매우 크다. 한편, 가산명사 즉,

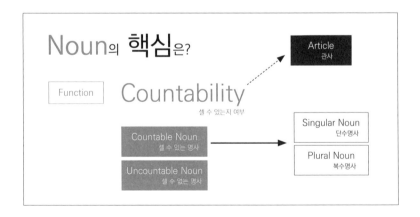

영어 'Noun'과 한국어 '명사'의 차이

I bought several books yesterday.

나는 어제 몇몇 책들을 구매했다.　　　　(?)
나는 어제 몇몇 책을 구매했다.　　　　　(O)

나는 어제 몇몇 책을 도서관에서 빌렸다.

I borrowed several book from the library.　(X)
I borrowed several books from the library.　(O)

'셀 수 있는 명사'의 경우 각각의 단수명사와 함께 복수명사의 형태
도 반드시 기억해야 한다.

　　특히 다수의 한국 사람들에게 영어 명사의 '기능'에 관한 설명
은 매우 낯설 것이다. 왜냐하면 한국어 '명사'는 영어 명사에 비해
그 문법적 '기능'이 상대적으로 발전하지 못했기 때문이다. 만약 영
어 문장을 한국어로 번역할 때, 복수의 영어 명사를 모두 복수의 한
국어 명사로 옮긴다면 어떻게 될까? 예를 들어, "I bought several
books yesterday."라는 영어 문장을 "나는 어제 몇몇 책들을 구매
했다."라고 번역해 보자. 복수를 표현하는 한국어 의존명사 '들'을
사용해서 '책들을'이라고 표현하면, 다소 어색한 한국어 문장이 된
다. 오히려 의존명사 '들'을 생략하고, "나는 어제 몇몇 책을 구매했

다.'라고 표현하는 것이 훨씬 더 자연스럽게 느껴지지 않는가? 왜 그럴까? 영어 'Book'과 달리 한국어 '책'은 사실상 단수와 복수의 문법적 기능을 모두 품고 있기 때문이다.

반대로, "나는 어제 몇몇 책을 도서관에서 빌렸다."라는 한국어 문장을 영어로 번역해 보자. 만약 "I borrowed several book from the library.'라고 표현하면 어떨까? 이러한 번역은 명백하게 '문법적으로 수용할 수 없는' 영어 문장이다. 좀더 거칠게 표현하면, 명백하게 문법적으로 틀린 영어 문장이다. 왜냐하면 한국어 '책'과 달리 영어 'Book'은 그 '기능'상 단수와 복수가 명확하게 구별되는 '셀 수 있는 명사'이기 때문이다. '언어 기능의 발전'이라는 측면에서 설명하자면, 한국어 '명사'는 '셀 수 있는지 여부'라는 문법적 '기능'이 제대로 발전하지 않았다는 것이다. '언어 기능의 분화'라는 측면에서 설명하자면, 한국어 '명사'는 단수와 복수로 세밀하게 분화되지 않았다는 것이다. 이것이 바로 영어 'Noun'과 한국어 '명사' 간의 가장 중요한 차이점 중 하나이다.

평범한 보통의 한국 사람에게 "너 'Love'라는 영어 단어를 알고 있니?"라고 질문하면 뭐라고 대답할까? 대부분의 경우 '나를 무시하나? 그 정도는 알지!'라고 생각하며, "당연히 '사랑'이라는 말이지!"라고 자신있게 대답할 것이다. 그러나 이 대답은 틀렸다. 도대체 왜 그럴까? 영어 'Love'라는 명사는 그 문법적 '기능'의 차이에 따라 '의미'도 변하기 때문이다. 예를 들어, "I am in love with you."라

고 한다면, 'love'라는 단어를 '사랑'이라는 의미를 가진 '셀 수 없는
명사'로 쓴 것이다. 그러나 'I met a true love.'라고 한다면, 동일한
형태의 단어 'love'를 '애인, 연인'이라는 의미를 가진 '셀 수 있는 명
사'로 쓴 것이다. 반드시 기억하라! 비록 동일한 형태의 명사라고 할
지라도, 문법적 '기능'이 변하면 그 의미도 달라진다. 결국 명사의 핵
심은 '셀 수 있는지 여부'이다.

특히 다수의 한국 사람들에게
영어 명사의 '기능'에 관한 설명은
매우 낯설 것이다.
왜냐하면 한국어 '명사'는
영어 명사에 비해
그 문법적 '기능'이 상대적으로
발전하지 못했기 때문이다.

Verb

2장. 영어 문장의 뼈대, 동사

기능 '서술' Predicate

동사의 개념

영어 문장의 기초를 위한 단어 정복의 핵심은 동사이다. 동사는 문장을 만드는데 필요한 척추 즉, 문장의 뼈대이다. '움직이다'를 뜻하는 한자어 '動'과 '말씀'을 뜻하는 한자어 '詞'를 한국어로 표기

동사 動詞

Verb

verbum

"a word (that asserts or declares)"

"a word or a group of words
that refers to an action, state or experience"   (Cambridge Dictionary)

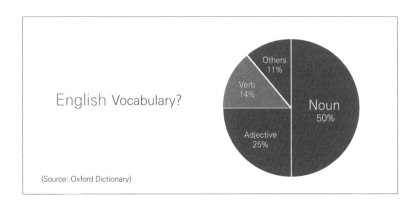

English Vocabulary?

Others
11%

Verb
14%

Noun
50%

Adjective
25%

(Source: Oxford Dictionary)

한 '동사'의 사전적 의미는 "사물의 동작이나 작용을 나타내는 품사"
이다. 즉, 어떤 주체의 움직임 혹은 행동을 표현하는 단어들의 품사
가 한국어 '동사'이다. 이에 반해, 영어 동사는 그 본질적 의미가 한
자어 '動詞' 혹은 한국어 '동사'와는 전혀 다르다는 점에 주목해야 한
다. 예를 들어, 'am, are, is'와 같이 상태 혹은 존재를 표현하는 영
어 'Be 동사'의 경우, 위와 같은 한국어 '동사'의 개념 정의만으로는
결코 설명될 수 없다. 결론적으로, '(주장하거나 선언하는) 말'을 뜻하
는 라틴어 'verbum'에서 유래한 영어 동사의 사전적 의미는 '행동,
상태 혹은 경험을 지칭하는 단어'이다.

옥스퍼드 영어사전의 통계에 따르면, 전체 영어 단어들 중 약
14%가 동사이다. 양적 측면에서만 보면, 전체 영어 단어 중 동사가
차지하는 분량은 그렇게 크지 않은 편이다. 그러나 영어 'Verb'의 본
래 뜻이 '말' 혹은 '언어'라는 점을 고려하면, 동사가 영어 문장의 핵
심이자 본질임을 어렵지 않게 이해할 수 있다. 예를 들어, 미국의 일

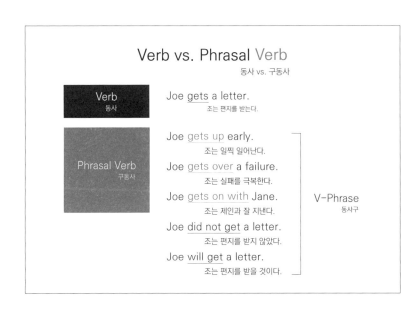

반대학원 혹은 경영대학원에 입학하기 위해 필요한 '졸업기록시험 GRE' 혹은 '대학졸업자를위한경영입학시험GMAT'의 평가 영역 중 하나의 명칭이 'Verbal Reasoning'이다. 명사 'Verb'의 형용사 형태인 'Verbal'은 '동사의'가 아니라 '언어의'라는 의미이다. 즉, '언어추리' 혹은 '언어 논증' 능력을 검증하는 시험이다. 이렇듯 'Verb'라는 단어가 단순히 동사라는 품사를 넘어 영어라는 말 혹은 언어 전체를 표현하기도 한다.

한편, '행동, 상태 혹은 경험을 지칭하는 단어의 그룹'을 별도로 영어 '구동사'라고 부른다. 즉, '동사 + 부사/전치사'로 구성되어 동사가 가지고 있는 원래 의미와는 확연하게 다른 새로운 의미를 전달하는 것이 구동사이다. 예를 들어, 동사 'Get'은 '얻다'라는 의미

100 Common Phrasal Verbs

흔히 사용되는 구동사 100개

Phrasal Verb	Meaning	Phrasal Verb	Meaning
Act on	affect	Hang around	remain near
Ask for	request	Hang back	remain behind
Attend on	be present at	Hang on	wait a moment
Attend to	take care of	Hold back	stop
Bear with	tolerate	Let out	disclose, issue
Break down	fail, collapse	Look after	take care of
Break into	enter forcibly	Look at	gaze
Bring about	cause, create	Look down on	hate, despise
Bring up	raise	Look for	search
Call for	request	Look into	investigate
Call in	summon	Look out	be vigilant
Carry on	continue	Look over	examine
Come after	pursue, follow	Look through	inspect
Come along	accompany	Look up	find out
Come apart	break, separate	Look up to	respect
Come from	originate in	Make away	kill
Come in	arrive	Make for	move toward
Cut down	reduce	Make out	understand
Do over	repeat	Make over	transfer
Fall down	fail	Make up	complete
Fall in with	agree	Pass out	be unconscious
Fall into	separate	Pass away	die
Fall off	decrease	Put down	write
Fall on	attack fiercely	Put forward	offer an idea
Fill out	complete forms	Put off	postpone
Get away	escape	Put on	wear
Get by	manage to live	Put out	extinguish
Get down	descend	Put together	be together
Get in	arrive	Put up	hang up
Get over	overcome	Put up with	tolerate
Get on with	be friendly with	Run after	chase
Get out	go out	Run away	flee
Get through	succeed, finish	Run into	meet, face
Get up	rise	Run out	be exhausted
Give forth	emit, release	See after	take care of
Give in	yield	See off	bid goodbye
Give out	disclose	See through	assist, guide
Give up	abandon	Set about	attack
Go about	wander	Set off	depart
Go after	follow	Set up	establish
Go against	violate, oppose	Stand against	oppose
Go along with	consent, agree	Stand by	support
Go away	leave	Take off	put off
Go back on	withdraw	Take up	occupy
Go down	decrease	Throw away	waste
Go for	choose	Throw up	vomit
Go in for	like	Turn down	reject
Go off	explode	Turn off	stop
Go on	continue	Turn on	start, switch on
Go through	read	Turn out	produce

를 전달하는 단어이다. 그런데, 동일한 동사가 부사 혹은 전치사와 함께 사용되어 구동사 'Get up', 'Get over', 'Get on with'가 되면, 그 의미가 각각 '일어나다', '극복하다', '잘 지내다'로 전혀 다르게 변한다. 이러한 구동사는 '2개 이상의 단어를 조합한 것으로서 하나의 의미를 전달하는 언어의 단위'인 구로서 동사의 역할을 하는 동사구이기도 하다. 한편, 예시문의 'did not get'과 'will get'은 동사구이지만 구동사는 아니다. 마치 관용구를 공부하는 것처럼, 흔히 사용되는 구동사는 외우는 것이 좋다.

동사의 기능: '서술' Predicate

'Predicate'이라는 영어 단어가 동사로 사용되면 "문장의 주어에 관해 무엇인가를 진술하거나, 단언하거나 혹은 주장하다"를 의미한다. 이러한 경우 한국어로 '서술' 혹은 '서술하다'라고 일반적으로

Verb의 **핵심**은?

Function	Predicate
	서술

서술 "state, affirm or assert (something) about the subject"
서술부 "an element of sentence containing a verb and
stating something about the subject"
서술어 "the verb in the element of sentence"

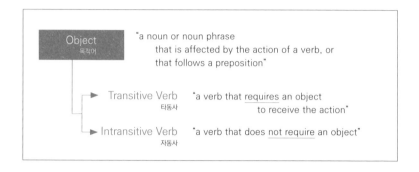

번역한다. 이에 반해, 동일한 영어 단어가 명사로 사용되면 "동사를 포함하고 주어에 관해 무엇인가를 진술하는 문장성분"을 의미한다. 이러한 경우 한국어로 '서술부'라고 번역한다. 특히, 서술부 중에서도 동사만을 별도로 '서술어'라고 번역한다. 즉, 'Predicate'이라는 하나의 영어 단어가 영어 문법에서 서로 다른 3가지 개념을 지칭하고, 더군다나 '서술', '서술부', '서술어'라는 서로 다른 한국어로 번역되다 보니, 적지 않은 혼란이 있다. 결국 '서술'이라는 문법적 기능을 정확하게 이해하지 못하니, 영어 문장의 핵심인 동사가 복잡하고 어렵게만 느껴지는 것이다.

영어 동사의 서술이라는 문법적 기능은 다음 2가지 기준에 의해 분류된다. 첫째, '목적어의 필요 유무'이다. 목적어란 "동사의 행위에 의해 영향을 받는 명사 혹은 명사구"이다. 물론 전치사 뒤에 오는 목적어도 있지만, 이것은 "6장 명사의 단짝, 전치사" 부분에서 별도로 설명하겠다. 영어 동사는 '목적어가 필요한 동사'와 '목적어가 필요 없는 동사'로 분류된다. 전자를 '타동사' 그리고 후자를 '자동

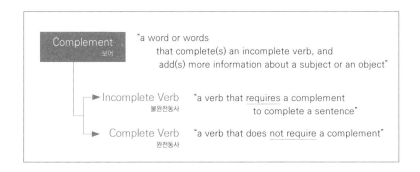

사'라고 각각 부른다. 한편, 타동사 중에는 본래의 목적어인 '직접목적어'는 물론이고 '간접목적어'까지 필요로 하는 것도 있다. 문장 차원의 의사소통이라는 측면에서 '타동사', '자동사'와 같은 용어를 알고 있는지 여부는 전혀 중요하지 않다. 결국, 서술이라는 문법적 기능의 핵심은 '목적어의 필요 유무'라는 영어 동사의 특징을 정확하게 이해하고 활용하는 것이다.

둘째, '보어의 필요 유무'이다. 문법적 기능의 측면에서, 보어는 '불완전동사를 완전하게 보충해 주는 단어(들)'이다. 영어 동사는 불완전하여 '보어가 필요한 동사'와 이미 그 자체로 완전하여 '보어가 필요 없는 동사'로 분류된다. 전자를 '불완전동사' 그리고 후자를 '완전동사'라고 각각 부른다. 한편, 고유한 의미의 측면에서 보면, 보어는 각각 주어와 목적어에 정보를 추가해 주는 '주격보어'와 '목적격보어'로 구분된다. 따라서, 불완전동사는 주격보어를 필요로 하는 것과 목적격보어를 필요로 하는 것으로 각각 구분된다. 문장 차원의 의사소통이라는 측면에서 '불완전동사', '완전동사'와 같은 용어를

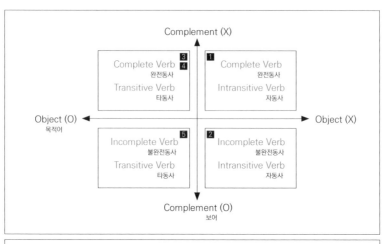

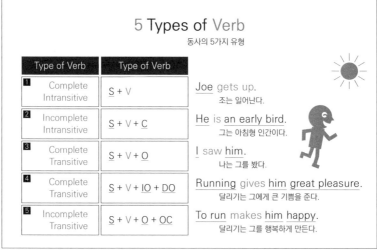

알고 있는지 여부는 전혀 중요하지 않다. 결국, 서술이라는 문법적 기능의 핵심은 '보어의 필요 유무'라는 영어 동사의 특징을 정확하게 이해하고 활용하는 것이다.

결론적으로, '목적어의 필요 유무'와 '보어의 필요 유무' 즉, 서술이라는 문법적 '기능'의 차이를 기준으로 영어 동사는 5가지 유형으로 구분된다. 일반적인 문법 책 혹은 한국의 '학교 문법'에서는 흔히 '문장의 5형식'이라는 용어를 활용하여 이 부분을 설명한다. 예를 들어, 오직 주어와 동사만으로 문장의 기본 구조가 완성된 것을 '1형식 문장'이라고 부른다. 혹은 주어와 동사에 더해 목적어와 목적격 보어까지 합쳐져서 문장의 기본 구조가 완성된 것을 '5형식 문장'이라고 부른다. 그러나 이러한 설명은 아쉬움이 매우 크다. 왜냐하면 영어 문장의 형식이 서로 다른 것은 표면적 '현상'에 불과하고, 그러한 현상이 벌어지는 근본적 '원인'은 서술이라는 동사의 문법적 '기능'의 차이이기 때문이다. 결국, 영어 문장 만들기의 핵심은 서술이라는 동사의 문법적 기능을 이해하고 활용하는 것이다.

영어 동사의 5가지 유형은 다음과 같다. 첫째, '목적어와 보어 모두 필요 없는 동사'가 있다. 예를 들어, 주어와 동사만 있는 "Joe gets up."은 문법적으로 이미 완전한 문장이다. 왜냐하면 구동사 'get up'의 기능적 특징 때문이다. 한편, "Joe gets."는 틀린 문장이다. 왜냐하면 '얻다'를 의미하는 동사 'get'은 그 기능상 '목적어가 필요한 동사'이기 때문이다. 따라서, "Joe gets an apple." 등과 같이 수정해야 한다. 둘째, '보어가 필요한 동사'가 있다. 예를 들어, "He is."는 문법적으로 완전하지 않은 문장이다. 왜냐하면 동사 'is (be)'는 보어가 필요하기 때문이다. 따라서 'an early bird'라는 명사구를 보어로 활용하여, "He is an early bird."라고 표현할 수 있다.

명사구 대신 '건강한'을 의미하는 형용사 'Healthy'를 보어로 써서, "He is healthy."라고 표현할 수도 있다.

셋째, '목적어가 필요한 동사'가 있다. 예를 들어, "I saw."는 문법적으로 완전하지 않은 문장이다. 왜냐하면 동사 'see'는 반드시 목적어가 필요하기 때문이다. 따라서 목적어를 포함하여 "I saw him."이라고 수정해야 한다. 넷째, '간접목적어와 직집목적어가 모두 필요한 동사'가 있다. 예를 들어, "Running gives."는 문법적으로 완전하지 않은 문장이다. 왜냐하면 동사 'give'는 간접목적어와 직접목적어가 모두 필요하기 때문이다. 따라서 "Running gives him great pleasure."라고 수정해야 한다. 한편, 'him'이라는 간접목적어를 생략한 채, "Running gives great pleasure."라고 표현할 수도 있다. 다만, 이 경우에 'give'는 3번째 유형인 '목적어가 필요한 동사'로 사용된 것이다. 따라서 명사구 'great pleasure'를 직접목적어가 아닌 그냥 '목적어'라고 흔히 부른다.

다섯째, '목적어와 목적격보어가 필요한 동사'가 있다. 예를 들어, "To run makes."는 문법적으로 완전하지 않은 문장이다. 왜냐하면 동사 'Make'는 목적어와 목적격보어가 필요하기 때문이다. 따라서 "To run makes him happy."라고 수정해야 한다. 한편, "그녀는 케익을 만든다."를 의미하는 "She makes a cake."의 경우와 같이, 목적격보어 없이 목적어와 함께 동사 'make'를 사용할 수도 있다. 다만, 이때 'make'는 3번째 유형인 '목적어가 필요한 동사'로 사용된 것으로, 그 의미가 달라진다. 또한 "그는 선생님이 될 것이다."
를 의미하는 "He will make a teacher."의 경우와 같이, 'make'를
2번째 유형인 '보어가 필요한 동사'로 사용할 수도 있다. 즉, 명사 'a
teacher'가 주어 'He'에 대한 정보를 더해 주는 보어로 사용될 때,
'make'의 의미는 또 달라진다.

　　서술이라는 문법적 '기능'을 기준으로 분류한 유형별 동사
의 주요 예시는 아래 도표와 같다. 만약 평범한 한국 사람에게 "너
'Make'와 'Find'라는 영어 단어를 알고 있니?"라고 질문하면 뭐라

Examples of Verb by Type

유형별 동사 예시

1 Complete Intransitive	Agree, Apologize, Appear, Arise, Arrive, Breathe, Come, Consent, Consist, Cough, Count, Depart, Die, Differ, Disappear, Emerge, End, Exist, Fly, Go, Graduate, Grow, Happen, Jump, Leave, Lie, Live, Matter, Object, Occur, Result, Rise, Run, Shout, Sing, Sleep, Smile, Sneeze, Stand, Start, Stay, Swim, Twinkle, Vary, Walk, Weep, Work etc.
2 Incomplete Intransitive	Appear, Be (am, are is, was, were), Become, Come out, Continue, Feel, Get, Grow, Hold, Keep, Lie, Look, Make, Prove, Remain, Seem, Smell, Sound, Stay, Taste, Turn, Turn out etc.
3 Complete Transitive	Address, Admit, Allow, Approach, Avoid, Await, Believe, Borrow, Bring, Buy, Call, Defer, Delay, Dig, Discuss, Dislike, Eat, Enjoy, Enter, Envy, Escape, Evade, Find, Finish, Greet, Hate, Have, Keep, Like, Love, Make, Marry, Mention, Mind, Offer, Pay, Permit, Postpone, Practice, Promise, Purchase, Quit, Raise, Reach, Resemble, Risk, Sell, Send, Sing, Stop, Survive, Take, Tell, Write, etc.
4 Complete Transitive	Appoint, Ask, Award, Bestow, Bring, Build, Buy, Call, Charge, Choose, Confer, Cook, Cost, Demand, Deny, Do, Elect, Envy, Fax, Find, Forgive, Get, Give, Grant, Hand, Impose, Inquire, Lend, Make, Name, Offer, Order, Pass, Pay, Play, Read, Save, Secure, Sell, Send, Show, Take, Teach, Tell, Wish, etc.
5 Incomplete Transitive	Advise, Allow, Appoint, Ask, Believe, Want, Call, Cause, Consider, Elect, Enable, Encourage, Expect, Feel, Find, Forbid, Force, Get, Have, Hear, Help, Imagine, Keep, Know, Lead, Leave, Let, Make, Name, Observe, Order, Paint, Permit, Persuade, Require, See, Smell, Suppose, Teach, Tell, Think, Urge, Want, Watch etc.

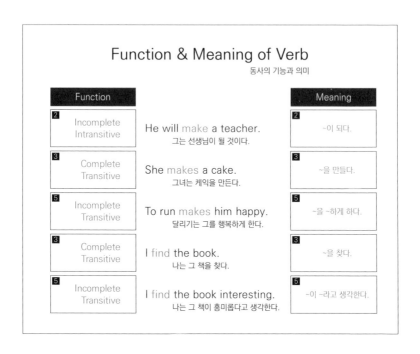

고 대답할까? 대부분의 경우 "당연히 '만들다'와 '찾다'를 의미하는 말이지!"라고 대답할 것이다. 그러나 이 대답은 틀렸다. 왜냐하면 'Make'와 'Find'라는 영어 동사는 문법적 '기능'의 차이에 따라 그 '의미'도 변하기 때문이다. 예를 들어, 서술이라는 문법적 기능의 변화에 따라, 동사 'Make'의 의미는 '~이 되다.'(2번째 유형), '~을 만들다.'(3번째 유형), '~을 ~하게 하다.'(5번째 유형)로 달라진다. 마찬가지로, 동사 'Find'의 의미 또한 '~을 찾다.'(3번째 유형), '~이 ~라고 생각한다.'(5번째 유형)로 변한다. 결국, 동사의 '기능'과 '의미'를 동시에 이해하는 것이 영어 공부의 핵심이다.

Adjective
3장. 명사에 의미 더하기, 형용사

기능 '명사 수식' Modifier

형용사의 개념

영어 문장의 기초를 위한 구 정복의 출발점은 형용사이다. '형상'을 뜻하는 한자어 '形', '얼굴'을 뜻하는 한자어 '容', '말씀'을 뜻하는 한자어 '詞'를 한국어로 표기한 '형용사'의 사전적 의미는 "사물의 성질이나 상태를 나타내는 품사"이다. 한편, '더해 주다'를 뜻

형용사   形容詞

Adjective
adjectivum

"that is added to"

"a word that describes a noun or a pronoun" (Cambridge Dictionary)

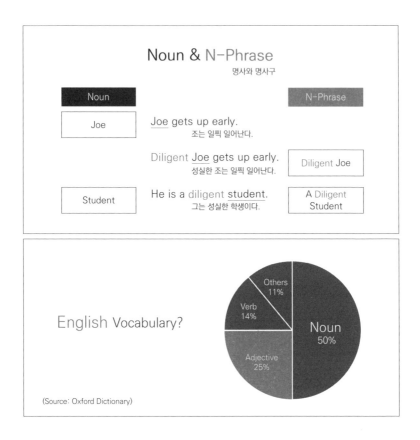

하는 라틴어 'adjectivum'에서 유래한 영어 'Adjective'는 "명사 혹은 대명사를 묘사하는 단어"를 의미한다. 즉, 명사 혹은 대명사에 어떤 의미를 더해 주는 것이 영어 형용사의 본질이다. 예를 들어, 명사 'Joe'와 'student'에 형용사 'diligent'를 사용하여 '성실한'이라는 고유한 의미를 더해 주면, 'Diligent Joe'와 'a diligent student'라는 명사구가 각각 만들어진다. 위 예시문에서 이들 명사구는 각각 하나의 영어 문장 내에서 주어와 보어로 사용된다. 결론적으로, 영

Order of Adjectives
형용사의 순서

Order	Relating to	Examples
1	Opinion 의견	Beautiful, Important, Lovely, Ugly
2	Size 크기	Big, Huge, Small, Tiny, Tall
3	Physical Quality 물리적 품질	Rough, Thin, Thick, Tidy, Untidy
4	Shape 모양	Oval, Square, Rectangular, Triangular
5	Age 나이	Adolescent, Aged, Old, Young
6	Color 색깔	Black, Blue, Green, Red, White
7	Origin 기원	American, British, Dutch, Korean
8	Material 재료	Leather, Metal, Paper, Plastic, Wood
9	Type 유형	Bread-like, Sponge-like, Two-sided
10	Purpose 목적	Cleaning, Cooking, Hammering

Joe is a lovely, small, tidy, young, blue-eyed, British student.
조는 사랑스럽고, 작으며, 단정하고, 젊은, 파란색 눈을 가진, 영국 학생이다.
It is a round, sponge-like, cleaning tool.
그것은 둥근 모양의 스폰지 같은 청소 도구입니다.

어 형용사는 영어 구 정복의 출발점이다.

옥스퍼드 영어사전의 통계에 따르면, 전체 영어 단어들 중 약 25%가 형용사이다. 약 50%로서 그 수가 가장 많은 명사에 의미를 더해 주는 것이 형용사의 본질이라는 사실을 고려하면, 왜 형용사의 수가 두 번째로 많은지 충분히 이해된다. 한편, 2개 이상의 형용사를 함께 사용할 때는 그 순서에 각별히 주의해야 한다. 의견, 크기, 물리적 품질, 모양, 나이, 색깔, 기원, 재료, 유형, 목적 등의 의미를 전달하는 순서에 따라 각각의 형용사를 배치해야 한다. 예를 들어, 명사 'student'에 '사랑스러운', '작은', '단정한', '젊은', '파란색 눈을

Irregular Forms
불규칙 형태

Adjective	Comparative	Superlative	Adjective	Comparative	Superlative
Bad	Worse	Worst	Little	Less	Least
Far	Farther	Farthest	Many	More	Most
Far	Further	Furthest	Old	Elder	Eldest
Good	Better	Best	Well	Better	Best

가진', '영국의'라는 의미를 동시에 더해 주기 위해서는 'a lovely, small, tidy, young, blue-eyed, British student'와 같이 형용사의 순서를 배치한다. 동일한 규칙에 따라, 'a round, sponge-like, cleaning tool'이라고 표현한다.

형용사는 비교급과 최상급으로 변한다. 'Old'와 같이, 1음절 혹은 2음절의 짧은 형용사는 원칙적으로 접미사 '~er'과 '~es'를 붙여서 비교급과 최상급을 만든다. 'Popular'와 같이, 3음절 이상의 긴 형용사는 원칙적으로 '더 혹은 덜'을 의미하는 'More or Less', 'Most or Least'를 활용하여 변한다. 예를 들어, '더 유명한, 가장 유명한'을 의미하는 'More Popular, Most Popular', '덜 유명한, 가장 덜 유명한'을 의미하는 'Less Popular, Least Popular' 등과 같다. 한편, 이러한 원칙을 따르지 않는 불규칙 형태도 있다. 예를 들어, 'Good'과 'Bad'의 비교급과 최상급은 각각 'Better, Best'와 "Worse, Worst'이다. 'Far'와 'Old'의 비교급 및 최상급은 'Farther, Farthest 혹은 Further, Furthest'와 'Older, Oldest 혹은

Comparative & Superlative
비교급 및 최상급

Adjective	Joe is an old student. 조는 나이가 많은 학생이다. Joe is old. 조는 나이가 많다. Joe is as old as Jane. 조는 제인만큼 나이가 많다.	popular
Comparative	Joe is a student older than Jane. 조는 제인보다 더 나이 많은 학생이다. Joe is older than Jane. 조는 제인보다 더 나이가 많다.	more less popular
Superlative	Joe is the oldest student. 조는 가장 나이 많은 학생이다. Joe is the oldest. 조는 가장 나이가 많다.	most least popular

Elder, Eldest'로 각각 의미가 다른 2종류이다.

영어 형용사는 비교하는 문장에서 자주 사용된다. 첫째, 형용사의 원형을 활용한 비교 방법이다. 예를 들어, "Joe is as old as Jane."은 'as (형용사) as'라는 표현으로 Joe와 Jane이라는 두 대상을 비교한다. 둘째, 형용사의 비교급을 활용한 비교 방법이다. 예를 들어, "Joe is a student older than Jane."은 '(비교급) than'이라는 표현으로 두 대상을 비교한다. 수식어인 형용사구 'older than Jane'이 수식을 받는 명사 'student' 뒤에 위치해 있다. 한편, "Joe is older than Jane."에서 형용사구 'older than Jane'은 주격보어이다. 셋째, 형용사의 최상급을 활용한 비교 방법이다. 예를 들어,

```
                    (Comparative) + to
                          (비교급) to

Joe is senior to Jane.              Joe is superior to Jane.
      조는 제인보다 상급자이다.                 조는 제인보다 우월하다.

Joe is junior to Jane.              Joe is inferior to Jane.
      조는 제인보다 하급자이다.                 조는 제인보다 열등하다.

Plan A is preferable to Plan B.
      플랜A가 플랜B보다 더 좋다.

I prefer Plan A to Plan B.
      나는 플랜B보다 플랜A를 선호한다.
```

"Joe is the oldest student."와 "Joe is the oldest."는 'the (최상급)'이라는 표현으로 수많은 대상을 비교한다. 이때 형용사구 'the oldest'는 각각 수식어와 보어로 사용된다.

앞서 설명한 바와 같이, 형용사의 비교급을 활용한 비교 방법에는 원칙적으로 전치사 혹은 접속사인 'than'이 사용된다. 다만, 접미사 '~or'로 끝나는 일부 형용사의 경우, 예외적으로 'than' 대신 전치사 'to'를 활용해서 두 대상을 비교한다. 예를 들어, 'senior, junior, superior, inferior' 등이 여기에 해당한다. 다만, 이것들은 특정 형용사의 비교급 형태가 아니라, 오로지 비교의 의미만을 가지고 있는 각 형용사의 원형일 뿐이라는 점에 주목해야 한다. 한편, "I prefer Plan A to Plan B."와 같이, 동사 'prefer'와 전치사 'to'를 활용하여 두 대상을 비교한 결과 특정 대상을 더 선호한다는 의미를 전달할 수도 있다. 동일한 맥락에서, 동사 'prefer'에서 파생된 형용

Unique usage of 'Worth'
'Worth'의 독특한 용법

Meaning
의미

"having a particular value (especially in money)"

Function
기능

worth + **Noun**

Adjective
형용사

Modifier

Preposition
전치사

Position
Before a Noun

Joe's house is worth $1 million.
조의 집은 100만 달러의 가치가 있다.
Forget Joe, please. He is not worth it.
제발 조를 잊어. 그가 그만한 가치는 없어.
Joe's opinion on this issue is worth a careful attention.
이 이슈에 대한 조의 의견은 세심하게 주목해 볼만한 가치가 있다.
It is really worth reading this book carefully.
이 책을 세심하게 읽을 가치가 정말 있다.

사 'preferable'의 경우에도, 전치사 'to'와 함께 두 대상을 비교하는 의미로 사용된다.

　한편, 형용사 'Worth'의 용법은 예외적으로 매우 독특하다. 예를 들어, "Joe's house is worth $1 million."라는 문장에서 'worth'는 불완전동사 'is'를 완전하게 보충하고, 주어 'Joe's house'에 의미를 더해 준다. 다만, "Joe's house is worth."라는 문장은 불가능하다. 왜냐하면, 형용사 'worth' 뒤에는 반드시 명사가 필요하기 때문이다. 즉, 'worth'는 반드시 명사와 함께 형용사구의 형태로만 사용할 수 있다. "It is really worth reading this book carefully."의 경우에도, 형용사 'worth' 뒤에 명사의 기능을 담당하는 동명사 'reading'이 사용된다. 즉, 형용사구 'worth reading this book carefully'가 주격보어로 사용된다. 반드시 명사와 함께 사용된다는 측면에서, 형용사 'Worth'의 독특한 문법적 기능은 전치사의 문법적 기능과 매우 유사하다.

형용사의 기능: '명사 수식' Modifier

영어 형용사의 문법적 '기능'은 다음 2가지로 분류된다. 우선, 명사에 대해 고유한 의미만을 더해 주는 기능이다. 형용사가 명사에 대해 의미를 더해 주는 것을 영어로 'Modify' 즉, '수식한다'라고 표현한다. 즉, 형용사가 문장성분 중 수식어로 사용되는 것이다. 그 결과 형용사와 명사가 포함된 명사구가 만들어진다. 이러한 형용사의 문법적 기능을 흔히 '형용사의 한정적 용법'이라고 표현한다. 예를 들어, 형용사 'diligent'를 명사 'student' 앞에 넣으면, '성실한'이라는 의미를 명사에 더해 준다. 그 결과 '성실한 학생'을 의미하는

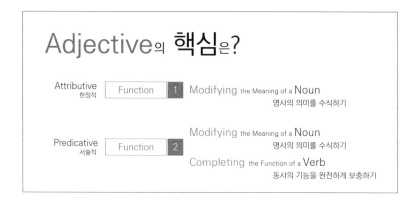

68

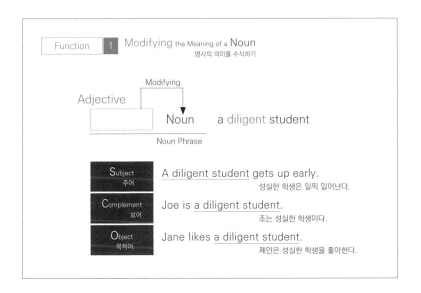

'diligent student'라는 명사구가 만들어진다. 물론, 관사를 붙여야 좀더 정확한 명사구가 완성되는데, 자세한 내용은 "9장 명사의 머리, 관사"에서 다루겠다. 이 명사구는 위 예시문에서 각각 주어, 보어 그리고 목적어로 사용된다.

　명사에 대해 고유한 의미만을 더해 주는 한정적 용법으로 사용되는 경우, 형용사의 위치는 원칙적으로 수식을 받는 명사 바로 앞이다. 다만, 다음과 같은 예외적인 경우가 있다. 첫째, 'full of curiosity', 'well-known for his diligence' 등과 같은 형용사구는 명사 바로 뒤에 위치한다. 둘째, 'available, changeable, imaginable, incredible, possible, washable' 등과 같이 접미사 '~able, ~ible'로 끝나는 형용사는 명사 바로 뒤에 위치한다.

Noun + Adjective
명사 + 형용사

1 A-Phrase
형용사구

a student full of curiosity
호기심 가득한 학생
a student well-known for his dillgence
성실한 것으로 유명한 학생

2 Adjectives
ending with able, ible
able, ible로 끝나는 형용사

a method imaginable
상상할 수 있는 방법
a method available
이용 가능한 방법

3 Modifying ~thing,
~body, ~one
~thing, ~body, ~one 수식

something strange
이상한 그 무엇
someone familiar
친숙한 누군가

4 After Unit, Age
단위, 나이 뒤에

5 meters high
5미터 (만큼 높은)
20 years old
20살 (만큼 나이 든)

2 inches thick
2인치 (만큼 두꺼운)
10 feet deep
10피트 (만큼 깊은)

셋째, 'anybody, anyone, anything, somebody, someone, something' 등과 같이 '~thing, ~body, ~one'으로 끝나는 부정대명사의 경우, 형용사는 부정대명사 바로 뒤에 위치한다. 넷째, 'deep, high, long, old, tall, thick, wide' 등과 같은 형용사는 단위, 나이 등 측정값을 표현하는 명사 바로 뒤에 위치한다.

다음으로, 명사에 대해 고유한 의미를 더해 주고 동시에 불완전동사의 문법적 '기능'을 완전하게 보충해 주는 기능이다. 즉, 형용사가 보어의 역할을 담당함으로써, 불완전동사의 서술이라는 문법적 '기능'을 완전하게 보충하고 하나의 영어 문장을 완성해 주는 것

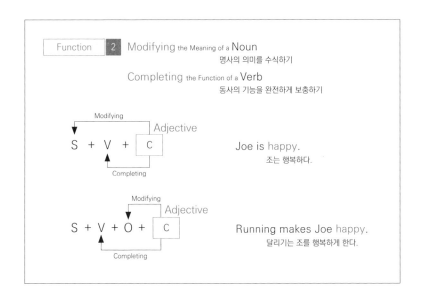

이다. 이러한 형용사의 문법적 '기능'을 흔히 '형용사의 서술적 용법'이라고 표현한다. 예를 들어, "Joe is."라는 문장은 문법적으로 불완전하다. 왜냐하면 동사 'is'는 반드시 보어가 필요한 불완전동사이기 때문이다. 따라서 보어를 포함하여, "Joe is happy."라고 수정하면 불완전함이 해결된다. 이때 형용사 'happy'는 주어에 고유한 의미를 더해 주는 주격보어의 역할을 한다. 한편, "Running makes Joe happy."의 경우, 형용사 'happy'는 목적어 'Joe'에 대해 고유한 의미를 더해 주는 목적격보어이다.

대부분의 형용사는 한정적 용법과 서술적 용법으로 모두 사용되지만, 다음과 같은 예외도 있다. 첫째, 'dear, elder, eldest, live, main, mere, sheer' 등과 같은 형용사는 오직 한정적으로만 사용

한정적으로만 쓰이는 형용사	서술적으로만 쓰이는 형용사
Attributive Only	**Predictive Only**
Joe is my dear friend. 조는 나의 소중한 친구이다.	Joe is afraid of the future. 조는 미래를 두려워한다.
Joe's elder brother is Tom. 조의 형은 톰이다.	Joe and Jane are alike. 조와 제인은 닮았다.
Joe's eldest brother is Jack. 조의 제일 큰 형은 잭이다.	Joe feels alive these days. 조는 요즘 살아 있음을 느낀다.
Joe likes live fish. 조는 활어를 좋아한다.	Joe feels ashamed. 조는 부끄러움을 느낀다.
Joe plays a main role. 조가 주된 (주인공) 역할을 한다.	Joe has been asleep. 조는 잠자고 있었다.
Joe is a mere student. 조는 겨우 학생에 불과하다.	Jane has been awake. 제인은 깨어 있었다.
Joe is full of sheer delight. 조는 순수한 기쁨으로 가득 차 있다.	Joe is aware of the fact 조는 그 사실을 알고 있다.

된다. 예를 들어, "Joe's elder brother is Tom."이라는 문장의 경우, 형용사 'elder'는 명사 'brother' 앞에서 의미를 더해 주는 한정적 용법으로 사용된다. 그러나, 형용사 'elder'의 특징상 "Tom is elder."라는 문장은 불가능하다. 둘째, 'afraid, alike, alive, ashamed, asleep, awake, aware' 등과 같은 형용사는 오직 서술적으로만 사용된다. 예를 들어, "Joe feels alive these days."라는 문장의 경우, 형용사 'alive'는 불완전동사를 보충해주고 주어에 의미를 더해 주는 서술적 용법으로 사용된다. 다만, 형용사 'alive'의 특징상 "He is alive Joe."라는 문장은 불가능하다.

Adverb
4장. 동사에 의미 더하기, 부사

기능 '동사 수식' Modifier

부사의 개념

영어 문장의 기초를 위한 구 정복의 두 번째 출발점은 부사이다. '버금'을 뜻하는 한자어 '副'와 '말씀'을 뜻하는 한자어 '詞'를 한국어로 표기한 '부사'의 사전적 의미는 "용언 또는 다른 말 앞에 놓

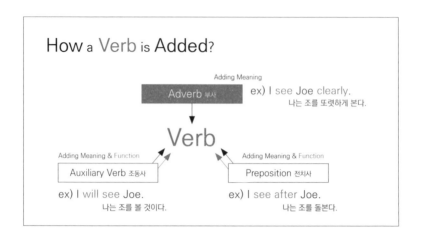

여 그 뜻을 분명하게 하는 품사"이다. 한자어를 보아도 한국어의 사전적 의미를 보아도 부사라는 단어의 의미가 명확하게 전달되지 않는다. 안타깝게도, 한국 사람들의 영어 공부를 방해하는 대표적인 요소가 이와 같이 뜻이 통하지 않는 한자어를 번역한 용어이다. 한편, '동사에 대해 더해 주다'를 뜻하는 라틴어 *adverbium*'에서 유래한 영어 'Adverb'는 '동사, 형용사, 부사 혹은 구에 대한 더 많은 정보를 주거나 묘사하는 단어'를 의미한다. 특히, 영어 문장의 기본 구조에는 아무런 영향을 주지 않은 채, 동사에 대해 어떤 고유한 의미를 더해 주는 것이 영어 부사의 본질이다.

  예를 들어, "나는 조를 본다."를 의미하는 "I see Joe."는 이미 완전한 문장이다. 다만, 동사 'see'에 대해 '또렷하게'라는 의미를 더해 주기 위해서 부사 'clearly'를 사용할 수 있다. 즉, "나는 조를 또렷하게 본다."를 의미하는 "I see Joe clearly."는 앞의 문장과 기본

Forms of Adverb
부사의 형태

Regular Forms		Irregular Forms	
Adjective	Adverb	Adjective	Adverb
Careful	Carefully	Angry	Angrily
Diligent	Diligently	Happy	Happily
Nice	Nicely	Horrible	Horribly
Quick	Quickly	Probable	Probably
Rapid	Rapidly	Economic	Economically
Slow	Slowly	Early	Early
Sole	Solely	Fast	Fast
Warm	Warmly	Far	Far

구조는 동일하지만, 동사에 대한 수식어인 'clearly' 때문에 '또렷하게'라는 새로운 의미만 추가된 것이다. 한편, 조동사와 전치사도 동사에 대해 어떤 의미를 더해 주는 역할을 한다. 예를 들어, 조동사 'will'과 전치사 'after'를 각각 추가하여, "I will see Joe."와 "I see after Joe."라는 문장을 만들 수 있다. 다만, 조동사와 전치사는 의미와 기능을 동시에 더해 준다는 점에서, 부사와는 분명한 차이점이 있다. 보다 자세한 내용은 "6장 명사의 단짝, 전치사" 및 "8장 동사에 기능 더하기, 조동사"에서 다루도록 하겠다.

원칙적으로 부사는 형용사에 접미사 '~ly'를 붙인 형태이다. 예를 들어, 'careful, diligent, nice, quick' 등과 같은 형용사의 부사 형태는 각각 'carefully, diligently, nicely, quickly'이다. 대부분의 경우 이러한 규칙을 따르지만, 몇몇 예외가 존재한다. 첫째, 'angry, happy'와 같이 '~y'로 끝나는 형용사의 경우, '~y'를 '~i'로 바꾸고 '~ly'를 붙여서 부사를 만든다. 둘째, 'horrible, probable'과 같이 '~ble'로 끝나는 형용사의 경우, '~e'를 생략하고 '~y'를 붙여서 부사를 만든다. 셋째, 각각 '경제의'와 '알뜰한'이라는 서로 다른 의미를 전달하는 형용사 'economic'과 'economical'의 부사 형태는 'economically'로 동일하다. 즉, 'economic'을 기준으로 보면, 불규칙한 부사 형태이다. 넷째, 'early, fast, far'와 같이 형용사와 동일한 형태의 부사도 있다.

부사의 기능: '동사 수식' Modifier

영어 부사의 핵심은 수식어로서의 문법적 '기능'이다. 즉, 부사는 영어 문장의 기본 구조에는 아무런 영향을 주지 않은 채 오로지 새로운 의미만을 더해 준다. 다만, 수식을 받는 대상의 차이에 따라

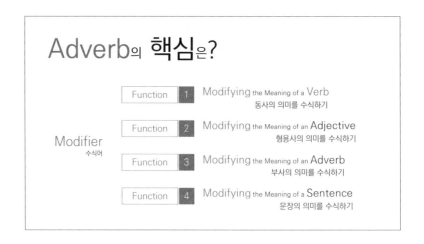

다음 4가지 유형으로 그 문법적 '기능'이 구분된다. 첫째, 동사의 의미를 수식하는 부사의 기능이다. 이것이 바로 영어 'Adverb'의 말뜻이자 부사 본연의 기능이다. 예를 들어, 부사 'early'를 'gets up' 뒤에 넣으면, '일찍'이라는 의미를 동사에 더해 준다. 한편, 부사 'fast'를 'runs' 뒤에 넣으면, '빠르게'라는 의미를 동사에 더해 준다. 그 결과 서술부로 사용된 'gets up early'와 'runs fast'라는 동사구가 각 문장에 만들어진다. 사실 "Joe gets up."과 "Joe runs."는 이미 완전한 문장이다. 결국, 부사 'early'와 'fast'는 오직 '일찍'과 '빠르게'라는 의미를 각각 동사에 더할 뿐이다.

둘째, 형용사의 의미를 수식하는 부사의 기능이다. 예를 들어, 부사 'very'를 형용사 'diligent' 앞에 넣으면, '매우'라는 고유한 의미를 '성실하다'에 더해 준다. 그 결과 보어로 사용된 'very diligent'라는 형용사구가 만들어진다. 이것이 동사와 합쳐지면, 서술부로 사용된 'is very diligent.'라는 동사구가 된다. 한편, 부사 'really'를 형용사 'fast' 앞에 넣으면, '정말'이라는 고유한 의미를 '빠르다'에 더

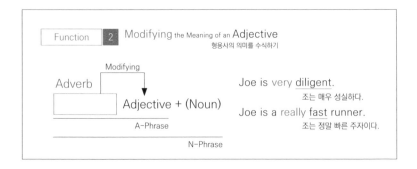

해 준다. 그 결과 수식어로 사용된 'really fast'라는 형용사구가 만들어진다. 이 형용사구가 명사와 합쳐지면, 보어로 사용된 'a really fast runner'라는 명사구가 된다. 이에 더해, 이 명사구가 동사와 합쳐지면, 서술부로 사용된 'is a really fast runner'라는 동사구가 된다. 결국, 부사 'very'와 'really'는 오직 '매우'와 '정말'이라는 의미를 각각 형용사에 더할 뿐이다.

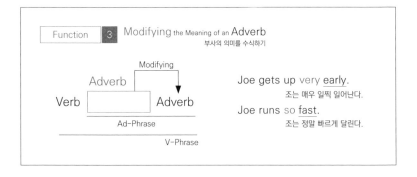

셋째, 또 다른 부사의 의미를 수식하는 부사의 기능이다. 예를 들어, 부사 'very'를 부사 'early' 앞에 넣으면, '매우'라는 의미를 더

해 준다. 그 결과 수식어로 사용된 'very early'라는 부사구가 만들어진다. 이것이 동사와 합쳐지면, 서술부로 사용된 'gets up very early'라는 동사구가 된다. 한편, 부사 'so'를 부사 'fast' 앞에 넣으면, '정말'이라는 의미를 더해 준다. 그 결과 수식어로 사용된 'so fast'라는 부사구가 만들어진다. 이것이 동사와 합쳐지면, 서술부로 사용된 'runs so fast'라는 동사구가 된다. 사실 "Joe gets up."과 "Joe runs."는 이미 완전한 문장하다. 부사 'early'와 'fast'만을 추가하여 "Joe gets up early."와 "Joe runs fast."라고 표현할 수도 있다. 결국, 부사 'very'와 'so'는 오직 '매우'와 '정말'이라는 의미를 부사 'early'와 'fast'에 각각 더할 뿐이다.

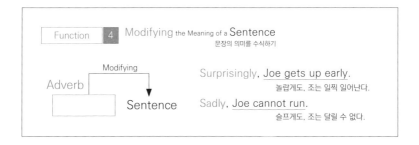

넷째, 문장 전체의 의미를 수식하는 부사의 기능이다. 예를 들어, 부사 'Surprisingly'를 문장 "Joe gets up early." 앞에 넣으면, '놀랍게도'라는 의미를 문장 전체에 더해 준다. 즉, 문장이 전달하려는 "조는 일찍 일어난다."라는 사실이 놀랍다라는 의미이다. 따라서, "It is surprising that Joe gets up early." 혹은 "It is a surprising

Order of Adverbs
부사의 순서

Order	Relating to	Examples
1	Manner 방식, 태도	Fast, Impatiently, Quickly, Slowly
2	Place 장소	Here, Outside, There, Down, Around
3	Frequency 빈도	Always, Daily, Monthly, Usually
4	Time 시간	Now, Today, Tomorrow, Yesterday
5	Purpose 목적	So, Hence, Since, Therefore, Thus

Joe runs fast.[1]
조는 빠르게 달린다.

Joe runs outside.[2]
조는 밖에서 달린다.

Joe runs daily.[3]
조는 매일 달린다.

Joe runs early in the morning.[4]
조는 아침 일찍 달린다.

Joe runs to lose weight.[5]
조는 살을 빼기 위해 달린다.

➡ Joe runs fast[1], outside[2], daily[3], early in the morning[4], to lose weight[5].
조는 살을 빼기 위해, 아침 일찍, 매일, 밖에서, 빠르게 달린다.

fact that Joe gets up early."라고 표현할 수도 있다. 한편, 부사 'Sadly'를 문장 "Joe cannot run." 앞에 넣으면, '슬프게도'라는 의미를 더해 준다. 즉, "조는 달릴 수 없다."라는 사실이 슬프다라는 의미이다. 따라서, "It is sad that Joe cannot run." 혹은 "It is a sad fact that Joe cannot run."이라고 표현할 수도 있다. 결국, 부사 'Surprisingly'와 'Sadly'는 오직 '놀랍게도'와 '슬프게도'라는 의미를 각각의 문장 전체에 더할 뿐이다.

한편, 2개 이상의 부사를 병렬적으로 사용할 때는 그 순서에 주의해야 한다. 예를 들어, "Joe runs."는 이미 완전한 문장이다. 부사 'fast', 'outside' 혹은 'daily'를 동사 'runs' 뒤에 넣으면, '빠르게', '밖에서' 혹은 '매일'이라는 의미가 추가된 새로운 문장이 각각 만들어진다. 만약 부사구 'early in the morning' 혹은 'to lose weight'을 동사 'runs' 뒤에 넣으면, '아침 일찍' 혹은 '살을 빼기 위해'라는 의미가 추가된 문장이 각각 만들어진다. 다만, 이 모든 부사들을 함께 사용하려면, 방식, 장소, 빈도, 시간, 목적의 순서에 따라, "Joe runs fast, outside, daily, early in the morning, to lose weight."으로 표현해야 한다. 한편, 'to lose weight' 즉, 동사변형의 대표적인 형태인 To 부정사와 관련해서는 "7장 동사 기능의 변화, 동사변형" 부분에서 자세하게 설명하겠다.

제 2 부
영어 문장의 심화

SOPHISTICATION OF A SENTENCE

GRAMMAR

Pronoun

5장. 명사의 대체, 대명사

기능 '선행 명사 대체' Replacement of an Antecedent Noun

대명사의 개념

영어 문장의 심화를 위한 단어 공부의 출발은 대명사이다. '사물의 이름을 나타내는 품사'를 뜻하는 한자어 '名詞' 앞에 '대신하다'를 뜻하는 한자어 '代'를 붙여서 만들어진 한자어 '代名詞'를 한국어로 표기한 '대명사'의 사전적 의미는 "사람이나 사물의 이름을 대

대명사 代名詞

Pronoun

Pro + Noun

"on behalf of"

"a word that is used instead of a noun or noun phrase"

(Cambridge Dictionary)

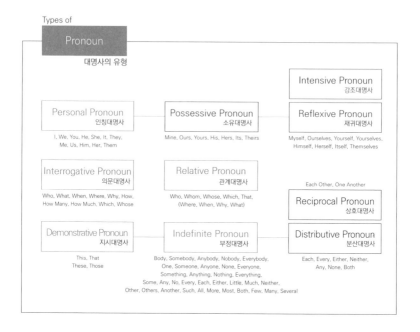

Types of
Pronoun
대명사의 유형

Intensive Pronoun
강조대명사

Personal Pronoun
인칭대명사

I, We, You, He, She, It, They,
Me, Us, Him, Her, Them

Possessive Pronoun
소유대명사

Mine, Ours, Yours, His, Hers, Its, Theirs

Reflexive Pronoun
재귀대명사

Myself, Ourselves, Yourself, Yourselves,
Himself, Herself, Itself, Themselves

Interrogative Pronoun
의문대명사

Who, What, When, Where, Why, How,
How Many, How Much, Which, Whose

Relative Pronoun
관계대명사

Who, Whom, Whose, Which, That,
(Where, When, Why, What)

Each Other, One Another

Reciprocal Pronoun
상호대명사

Demonstrative Pronoun
지시대명사

This, That
These, Those

Indefinite Pronoun
부정대명사

Body, Somebody, Anybody, Nobody, Everybody,
One, Someone, Anyone, None, Everyone,
Something, Anything, Nothing, Everything,
Some, Any, No, Every, Each, Either, Little, Much, Neither,
Other, Others, Another, Such, All, More, Most, Both, Few, Many, Several

Distributive Pronoun
분산대명사

Each, Every, Either, Neither,
Any, None, Both

신 나타내는 말, 또는 그런 말들을 지칭하는 품사"이다. 한편, 영어
'Noun' 앞에 '~을 대신하여, ~을 위하여'를 뜻하는 접두사 'Pro'가
붙어서 만들어진 영어 대명사는 "명사 혹은 명사구 대신 사용되는
단어"를 의미한다. 이때, 대명사가 지칭하게 되는 명사 혹은 명사구
를 선행사라고 표현한다. 원칙적으로 대명사는 인칭대명사, 의문대
명사, 관계대명사, 지시대명사, 부정대명사로 구분된다. 또한, 인칭
대명사와 부정대명사에서 파생된 소유대명사, 강조대명사, 재귀대
명사, 상호대명사, 분산대명사가 있다.

　첫째, 'Antecedent' 즉, 선행사가 사람일 때 사용되는 인칭대
명사가 있다. 1인칭·2인칭·3인칭으로 구분되는 인칭, 단수·복수로

Personal Pronoun
인칭대명사

Number 수	Person 인칭	Case 격		
		Subject	Object	Possessive
Singular	1st	I	Me	My
	2nd	You	You	Your
	3rd	He, She, It	Him, Her, It	His, Her, Its
Plural	1st	We	Us	Our
	2nd	You	You	Your
	3rd	They	Them	Their

Joe gets up really early.
조는 정말 일찍 일어난다.

Wow, he is an early bird!
와우. 그는 아침형 인간이다!

I saw him running around the park.
나는 공원 둘레를 달리는 그를 봤다.

His parents are proud of him.
그의 부모님은 그를 자랑스러워한다.

구분되는 수, 주격·목적격·소유격으로 구분되는 격, 남성·여성·중
성으로 구분되는 성을 기준으로 총 12개의 인칭대명사가 있다. 예를
들어, "Joe gets up really early."라는 문장의 경우, 사람을 표현하
는 고유명사 'Joe'가 사용된다. 이 선행사를 지칭하는 3인칭·단수·
주격·남성의 인칭대명사는 'He'이다. 인칭대명사 'He'의 목적격과
소유격은 각각 'Him'과 'His'이다. 특히, 주목할 것은 'It'을 인칭대
명사로 분류한 점이다. 예를 들어, 'Infant, Baby, Child,' 등과 같이
남성 혹은 여성으로 판단할 수 없는 경우 주격과 목적격 모두 중성

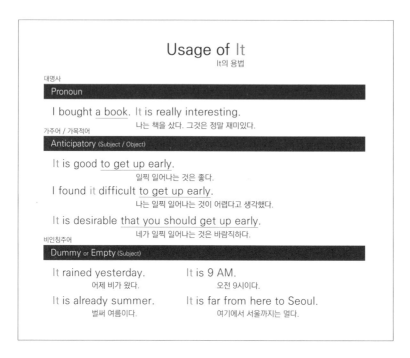

Usage of It
It의 용법

대명사
Pronoun

I bought a book. It is really interesting.
나는 책을 샀다. 그것은 정말 재미있다.

가주어 / 가목적어
Anticipatory (Subject / Object)

It is good to get up early.
일찍 일어나는 것은 좋다.

I found it difficult to get up early.
나는 일찍 일어나는 것이 어렵다고 생각했다.

It is desirable that you should get up early.
네가 일찍 일어나는 것은 바람직하다.

비인칭주어
Dummy or Empty (Subject)

It rained yesterday.
어제 비가 왔다.

It is 9 AM.
오전 9시이다.

It is already summer.
벌써 여름이다.

It is far from here to Seoul.
여기에서 서울까지는 멀다.

인칭대명사 'It'을 사용한다. 결국, 인칭대명사의 성을 구분하는 것은 3인칭·단수의 경우에만 그 의미가 있다.

한편, 인칭대명사 이외의 용법으로 사용되는 'It'에도 주목해야 한다. 먼저, 'It'은 '앞선/준비된' 주어로도 사용된다. 예를 들어, "It is good to get up early."라는 문장의 경우, 명사구 'to get up early'를 앞지르는 'It'이 사용된다. 흔히, 'It'을 형식상으로만 주어인 '가짜 주어' 즉, '가주어'라고 하고, 'to get up early'를 의미상 '진주어'라고 한다. "It is desirable that you should get up early."라는 문장에서는 명사절 'that you should get up early'를

Possessive Pronoun
소유대명사

Number	Person	Case		Possessive Pronoun
		Subject	Possessive	
Singular	1st	I	My	Mine
	2nd	You	Your	Yours
	3rd	He, She, It	His, Her, Its	His, Hers, Its
Plural	1st	We	Our	Ours
	2nd	You	Your	Yours
	3rd	They	Their	Theirs

I lost my wallet.
나 지갑 잃어버렸어.
Is this yours?
이것이 너의 것이니?
No. This is not mine.
아니. 이것은 나의 것이 아니야.

앞지르는 가주어 'It'이 사용된다. 한편, "I found it difficult to get up early."라는 문장의 경우, 명사구 'to get up early'를 앞지르는 가목적어 'It'이 사용된다. 이에 더해, 'It'은 지칭하는 구체적인 선행사가 없는 비인칭주어로도 사용된다. 예를 들어, "It is 9 AM."의 경우, 'It'은 시간을 표현하는 비인칭주어이다.

한편, 인칭대명사에서 파생된 대명사의 추가적 유형이 3가지 더 있다. 우선, 사람을 지칭하는 선행사의 소유물을 표현하는 소유대명사가 있다. 다만, 앞서 설명한 인칭대명사의 소유격과 소유대명사를 결코 혼동하지 말아야 한다. 예를 들어, "I lost my wallet."이라는 문장의 경우, 1인칭·단수 인칭대명사의 주격인 'I'와 소유격

Reflexive & Intensive Pronoun
재귀대명사 & 강조대명사

Number	Person	Case / Subject	Reflexive & Intensive Pronoun
	1st	I	Myself
Singular	2nd	You	Yourself
	3rd	He, She, It	Himself, Herself, Itself
	1st	We	Ourselves
Plural	2nd	You	Yourselves
	3rd	They	Themselves

Reflexive Pronoun	Intensive Pronoun
I love myself. 나는 나 자신을 사랑한다. (You) Know yourself. 너 자신을 알라.	I did it myself. 바로 내가 그것을 했다. (You) Finish it yourself. 바로 너가 그것을 끝내라.

인 'my'가 사용된다. 'my'가 마치 형용사와 같이 명사 'wallet'을 수식해서, 명사구 'my wallet'이 만들어진다. 이에 반해, "No. This is not mine."이라는 문장의 경우, 선행 명사구 'my wallet'을 지칭하는 1인칭·단수 소유대명사 'mine'이 문장의 보어로 사용된다. 즉, 인칭대명사의 소유격은 명사에 대한 수식어로 사용되지만, 소유대명사는 그 자체가 명사구를 대신하는 대명사로서 각각 문장의 주어, 보어 혹은 목적어로 사용된다.

다음으로, 주어와 동일한 대상을 목적어로 표현하는 재귀대명사가 있다. 즉, 동사에 담긴 행위의 결과가 바로 자기자신인 것이다. 예를 들어, "I love myself"라는 문장의 경우, 주어인 선행 대명사 'I'

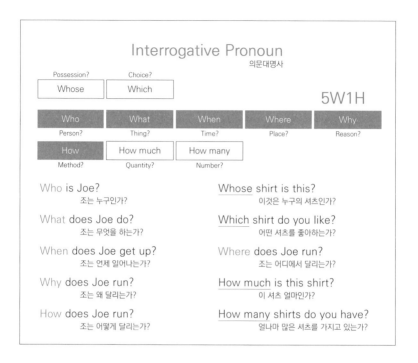

Interrogative Pronoun
의문대명사

Possession?	Choice?
Whose	Which

5W1H

Who	What	When	Where	Why
Person?	Thing?	Time?	Place?	Reason?

How	How much	How many
Method?	Quantity?	Number?

Who is Joe?
조는 누구인가?

What does Joe do?
조는 무엇을 하는가?

When does Joe get up?
조는 언제 일어나는가?

Why does Joe run?
조는 왜 달리는가?

How does Joe run?
조는 어떻게 달리는가?

Whose shirt is this?
이것은 누구의 셔츠인가?

Which shirt do you like?
어떤 셔츠를 좋아하는가?

Where does Joe run?
조는 어디에서 달리는가?

How much is this shirt?
이 셔츠 얼마인가?

How many shirts do you have?
얼마나 많은 셔츠를 가지고 있는가?

와 동일한 대상을 동사 'love'의 목적어로 받기 위해 1인칭·단수 재귀대명사 'myself'가 사용된다. "Know yourself."의 경우, 생략된 주어인 'You'에 대한 2인칭·단수 재귀대명사 'yourself'가 사용된다. 한편, 강조대명사는 비록 그 형태는 재귀대명사와 동일하지만 문장의 목적어로 쓰이지 않고, 오로지 주어의 행위임을 강조하는 의미로만 사용된다. 예를 들어, "I did it."과 "Finish it."은 이미 문법적으로 완전한 문장이다. 다만, 강조대명사 'myself'와 'yourself'는 각각 '바로 내가'와 '바로 너가'와 같이 주어의 행위임을 강조하는 추가적인 의미만을 더할 뿐이다.

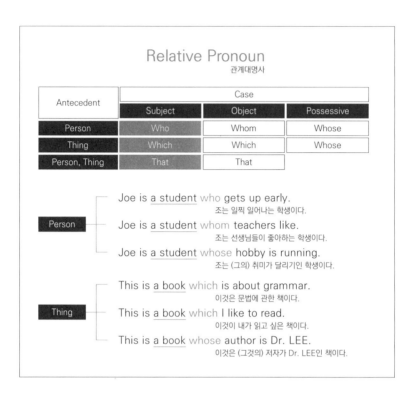

둘째, 의문문을 만들 때 사용되는 의문대명사가 있다. 우선, 소위 '육하원칙'에 해당하는 영어 '5W1H' 즉, 사람에 대한 'Who', 사물에 대한 'What', 시간에 대한 'When', 장소에 대한 'Where', 이유에 대한 'Why', 방법에 대한 'How' 총 6개의 의문대명사가 있다. 이에 더해, 의문대명사에서 파생된 유형이 4가지 더 있다. 먼저, 소유의 의미를 표현하는 'Whose'와 선택의 의미를 표현하는 'Which'가 있다. 마치 인칭대명사의 소유격이 명사에 대한 수식어로 사용된 것처럼, 'Whose'와 'Which' 또한 명사에 대한 수식어로 사용된다.

예를 들어, 'Whose shirt'와 'Which shirt'는 각각 한 문장 내에서 보어와 목적어로 쓰인 명사구로서 의문문을 만든다. 또한, 양과 수를 표현하는 'How much'와 'How many'도 각각 보어와 목적어인 명사구로서 의문문을 만든다.

셋째, 선행사에 대한 추가 정보를 제공하는 관계절을 만들 때 사용되는 관계대명사가 있다. 선행사가 사람인 경우, 관계절 내에서 관계대명사가 '주어', '목적어', '소유격'을 나태내는 수식어 중 어떤 문장성분으로 사용되는지를 판단한 후, 'Who', 'Whom', 'Whose' 중 관계대명사를 선택한다. 예를 들어, "Joe is a student who gets up early."라는 문장의 경우, 선행사가 'a student'로서 사람이고 관계절의 구동사 'gets up'에 대한 주어가 필요하기 때문에, 사람·주격을 표현하는 관계대명사 'Who'가 사용된다. 이에 반해, 선행사가 사물일 경우, 주격과 목적격 'Which' 혹은 소유격 'Whose' 중 관계대명사를 선택한다. 한편, 관계대명사 'That'은 사람과 사물 모두를 선행사로 받을 수 있다. 다만, 주격과 목적격은 그 형태가 동일하고, 소유격은 존재하지 않는다.

영어 문장에서 사용되는 관계대명사의 2가지 용법은 다음과 같다. 좀더 정확하게 표현하면, 관계대명사로 만들어진 '관계절의 문법적 기능'은 다음과 같다. 우선, 전체 문장에서 형용사절로서 명사를 수식하는 수식어의 역할을 담당하는 한정적 관계절이 있다. 예를 들어, "Joe is a student who gets up early."라는 문장의 경우,

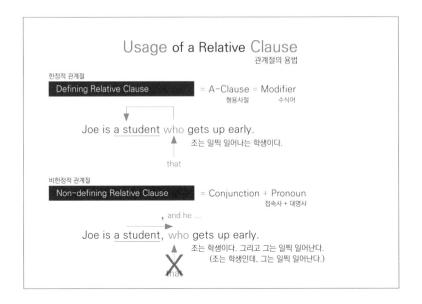

관계절 'who gets up early'는 선행사인 'a student'에 대한 추가 정보를 제공하는 수식어로 사용된다. 다음으로, 선행사 뒤에 쉼표가 있고, '접속사 + 대명사'의 의미를 전달하는 비한정적 관계절이 있다. 예를 들어, 'a student, who'와 같이 선행사와 관계대명사 사이에 쉼표가 들어가면, 'a student, and he'와 같이 '접속사 + 대명사'의 의미를 전달한다. 다만, 관계대명사 'That'은 비한정적 관계절에 사용될 수 없다는 것에 주의해야 한다.

한편, 영어 문장에서 관계대명사와 비슷한 문법적 기능을 수행하는 유사관계대명사 혹은 준관계대명사가 있다. 우선, 선행사가 없는 경우에 사용되는 준관계대명사 'What'이 있다. 예를 들어, '조가 달리기로부터 배웠던 것'을 의미하는 관계절 'What Joe learned

Quasi-Relative Pronoun

유사관계대명사 혹은 준관계대명사

What	As	But	Than

What Joe learned from running is endurance.
조가 달리기로부터 배웠던 것은 인내심이다.

Joe is such a diligent student as gets up early.
조는 아침 일찍 일어나는 그렇게나 부지런한 학생이다.

Joe likes the same park as Jane likes.
조는 제인이 좋아하는 바로 그 똑같은 공원을 좋아한다.

As many men as like to run visit the park.
달리기를 좋아하는 온갖 사람들이 공원을 방문한다.

Joe gets up early, as is the case with a diligent person.
부지런한 사람이 그러하듯이, 조는 일찍 일어난다.

There is no rule but has some exceptions.
예외가 없는 규칙은 없다.

Joe bought more shirts than are necessary.
조는 필요한 것보다 더 많은 셔츠를 샀다.

---

from running'이 전체 문장의 주어로 사용된다. 다음으로, 'such a diligent student', 'the same park', 'as many men'과 같이, 'such', 'the same', 'as'라는 영어 표현이 포함된 선행사를 받는 준관계대명사 'As'가 있다. 특히, 준관계대명사 'As'는 'Joe gets up early'와 같은 절 전체를 선행사로 받기도 한다. 또한, 부정적 의미를 표현하는 'no'를 포함하고 있는 선행사를 받는 준관계대명사 'But'이 있다. 끝으로, 'more shirts'와 같이 비교급 표현이 포함된 선행사를 받는 준관계대명사 'Than'이 있다.

한편, 선행사에 대한 추가 정보를 제공하는 관계절을 만든다는 점에서는 관계대명사와 동일하지만, 관계절 내에서 형용사가 아

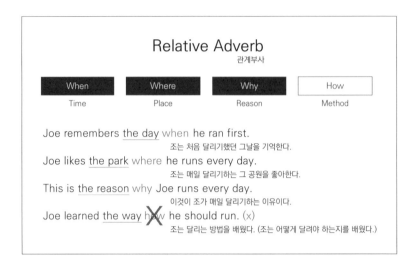

넌 부사로서 수식어의 문법적 기능을 담당하는 전혀 다른 특징을 가지고 있는 관계부사가 있다. 선행사가 시간, 장소, 이유인 경우 각각 관계부사 'When', 'Where', 'Why'를 사용한다. 예를 들어, "Joe remembers the day when he ran first."라는 문장의 경우, 시간을 표현하는 선행사 'the day'의 의미를 받지만 관계절에서 부사의 역할을 담당하는 'when'이 사용된다. 동일한 맥락에서 '... the park where ...'와 '... the reason why ...'라는 표현이 각각 사용된다. 다만, "Joe learned the way he should run."과 "Joe learned how he should run."은 모두 가능하지만, '... the way how ...'라는 표현은 문법적으로 불가능하다.

　넷째, 어떤 대상을 가리킬 때 사용되는 지시대명사가 있다. 가까운 'Here'와 먼 'There'에 있는 단수의 대상에 대해 각각 지시

Demonstrative Pronoun
지시대명사

	Here	There
Singular	This	That
Plural	These	Those

This is a book.
　　　이것은 책이다.
These are books.
　　　이것들은 책(들)이다.
This book is famous.
　　　이 책은 유명하다.
These books are famous.
　　　이 책들은 유명하다.

That is a book.
　　　저것은 책이다.
Those are books.
　　　저것들은 책(들)이다.
That book is famous.
　　　저 책은 유명하다.
Those books are famous.
　　　저 책들은 유명하다.

대명사 'This'와 'That'을 사용한다. 지시대명사 'This'와 'That' 의 복수 형태는 각각 'These'와 'Those'이다. 예를 들어, "This is a book."이라는 문장의 경우, 여기에 있는 책을 'This'라는 지시대 명사로 표현한다. "That is a book."이라는 문장의 경우 저기에 있 는 책을 'That'이라는 지시대명사로 표현한다. 한편, 동일한 영어 단 어 'This'와 'That'이 형용사로서 명사를 수식하는 수식어로 사용 되기도 한다. 예를 들어, "This book is famous."와 "That book is famous."라는 문장의 경우, 'This'와 'That'은 명사 'Book' 을 수식하는 지시형용사이다. 지시대명사와 지시형용사를 합쳐 'Demonstrative' 즉, 지시사라고 표현하기도 한다.

다섯째, 특별히 정해진 대상이 없을 때 즉, 특정한 지시 대상

Indefinite Pronoun
부정대명사

#	Type	Negative	Universal	Assertive	Elective
Sg.	Person	No one Nobody	Everyone Everybody	Someone Somebody	Anyone Anybody
	Thing	None Nothing	Everything	Something	Anything
	Place	Nowhere	Everywhere	Somewhere	Anywhere
		Neither			Either
		Little	Another, Each, Enough, Much, One, Other		
Pl.		Few	Both, Many, Others, Several		
Both		Nobody	All	Some	Any
		More, Most, Such			

Much <u>has</u> changed since Joe began running.
조가 달리기를 시작한 이래로 많은 것이 변했다.

Many <u>believe</u> that running is good for health.
많은 사람들이 달리기가 건강에 좋다고 믿는다.

None of the water <u>is</u> left.
물은 전혀 남아 있지 않다.

None of the apples <u>are</u> left.
사과는 전혀 남아 있지 않다.

이 없을 때 사용되는 부정대명사가 있다. 부정대명사의 경우 특히 수에 주의하면서 사용해야 한다. 'Nobody, Everyone, Someone, Anybody, Nothing, Neither, Either, Little, Each, Much, Other' 등은 반드시 단수로 그리고 'Few, Both Many, Others, Several' 등은 반드시 복수로 각각 사용된다. 한편, 'None, All, Some, Any, More, Most, Such' 등은 경우에 따라 단수 혹은 복수로 모두 사용

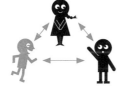
될 수 있다. 특히, '셀 수 있는 명사'를 대신해서 '거의 없다'라는 부정적 의미를 전달하는 부정대명사 'Few'의 경우 복수로 사용된다. 즉, 'Few'의 고유한 의미는 '없다'인데, 그 문법적 기능은 특이하게도 복수이다. 한편, 셀 수 없는 명사에 대해 '거의 없다'라는 의미를 전달하는 'Little'은 단수로 사용된다.

한편, 부정대명사에서 파생된 대명사의 추가적 유형이 2가지 더 있다. 우선, 선행한 명사들 사이의 상호적 관계를 표현해 주는 상호대명사가 있다. 예를 들어, 'Each Other'는 2명 사이의 상호관계 그리고 'One Another'는 3명 이상의 상호관계를 표현할 때 각각 사용된다. 다음으로, 특정 집단의 구성원들을 집단적으로 모두 함께 표현하는 것이 아니라 각각의 구성원을 별도로 그리고 개별적으로 표현해 주는 분산대명사가 있다. 예를 들어, "모든 학생들이 (다

Distributive Pronoun
분산대명사

Each of them <u>gets</u> up early.
(조와 제인) 그들 각자 일찍 일어난다.

Every student <u>gets</u> up early.
(조와 제인) 모든 학생이 한 사람 한 사람 일찍 일어난다.

Either Joe <u>or</u> Jane <u>gets</u> up early.
조 혹은 제인이 일찍 일어난다.

Neither Joe <u>nor</u> Jane gets up early.
조도 제인도 일찍 일어나지 않는다.

Any of them <u>do</u> not get up early.
(조와 제인) 그들 중 아무도 일찍 일어나지 않는다.

None of them <u>get</u> up early.
(조와 제인) 그들 중 아무도 일찍 일어나지 않는다.

Both of them <u>get</u> up early.
(조와 제인) 그들 둘 다 일찍 일어난다.

함께) 일찍 일어난다."라는 의미를 전달하는 "All students get up early."와는 다르게, "Every student gets up early."라는 문장은 "모든 학생들이 한 사람 한 사람 일찍 일어난다."라는 의미를 전달한다. 물론, 분산대명사가 명사 바로 앞에 있는 경우에는, 명사에 대한 수식어의 역할을 하는 형용사로 사용된 것이다.

대명사의 기능: '선행 명사 대체' Replacement of an Antecedent Noun

수없이 많은 영어 단어는 각각의 고유한 '의미'와 문법적 '기능'을 동시에 이해해야 한다. 특히, 대명사가 가지고 있는 문법적 '기능'의 핵심은 선행사 즉, 선행한 명사를 대체하는 것이다. 따라서 대

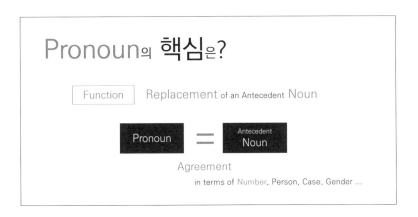

명사와 선행사의 일치 여부를 매우 민감하게 확인해야 한다. 가장 중요한 것은 대명사와 선행사 사이에 단수 혹은 복수라는 수의 일치 여부이다. 예를 들어, "Joe gets up really early. They is an early bird."라는 문장의 경우, 선행사인 단수명사 'Joe'와 일치시키기 위해 복수 대명사 'They'를 단수인 'He'로 수정해야 한다. "This are books."의 경우에도, 복수명사 'books'에 일치시키기 위해 대명사 'This'를 복수 형태인 'These'로 수정해야 한다. "All student gets up early."의 경우에도, 단수명사 'student'에 일치시키기 위해 'All' 대신 'Every'를 사용해야 한다.

이에 더해, 대명사와 선행사 사이에 1인칭, 2인칭 혹은 3인칭이라는 인칭의 일치 여부를 반드시 확인해야 한다. 예를 들어, "Joe gets up really early. I saw you running."이라는 문장의 경우, 선행사 'Joe'를 지칭하는 대명사로 2인칭 'You'가 아니라 3인

Agreement between a Pronoun & the Antecedent
대명사와 선행사의 일치

> **Number**
>
>   He
> Joe gets up really early. ~~They~~ is an early bird.
> 조는 정말 일찍 일어난다. 그는 아침형 인간이다.
>
> These
> ~~This~~ are books.
> 이것들은 책(들)이다.
>
> Every
> ~~All~~ student gets up early.
> 모든 학생이 한 사람 한 사람 일찍 일어난다.

칭 'Him'을 사용해야 한다. 또한, 주격, 목적격 혹은 소유격이라는 격의 일치 여부를 확인해야 한다. 예를 들어, "Joe is a student whom hobby is running."이라는 문장의 경우, 관계대명사 목적격 'Whom' 대신에 선행사 'a student'를 지칭하고 관계절에서는 명사

Agreement between a Pronoun & the Antecedent
대명사와 선행사의 일치

> **Person**
>
>   him
> Joe gets up really early. I saw ~~you~~ running.
> 조는 정말 일찍 일어난다. 나는 달리는 그를 봤다.
>
> **Case**
>
>   whose
> Joe is a student ~~whom~~ hobby is running.
> 조는 (그의) 취미가 달리기인 학생이다.
>
> **Gender**
>
>   He
> Joe gets up really early. ~~She~~ is an early bird.
> 조는 정말 일찍 일어난다. 그는 아침형 인간이다.

'hobby'의 소유격을 표현하는 관계대명사 'Whose'를 사용해야 한다. 끝으로, 3인칭·단수명사가 선행사인 경우 남성, 여성 혹은 중성이라는 성의 일치 여부도 반드시 확인해야 한다. 예를 들어, 선행사 'Joe'는 'She'가 아닌 남성 'He'로 지칭해야 한다.

영어 전치사는
'단어 공부의 출발'인
명사의 단짝이다.

Preposition

6장. 명사의 단짝, 전치사

기능 '명사 앞 위치' Position before a Noun

전치사의 개념

영어 문장의 심화를 위한 다음 공부 대상은 전치사이다. 영어 전치사는 '단어 공부의 출발'인 영어 명사의 단짝이다. '앞'을 뜻하는 한자어 '前', '두다'를 뜻하는 한자어 '置', '말씀'을 뜻하는 한자

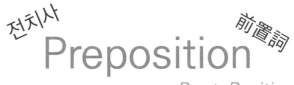

전치사 Preposition 前置詞

Pre + Position
"before"

"a word that is used before a noun, a noun phrase or a pronoun,
connecting it to another word" (Cambridge Dictionary)

어 '詞'를 한국어로 표기한 '전치사'의 사전적 의미는 "명사나 대명사 앞에 놓여 다른 명사나 대명사와의 관계를 나타내는 품사"이다. 비록 한국어에는 전치사라는 품사가 없지만, 그 사전적 의미는 위와 같다. 한편, '앞'을 뜻하는 'Pre'와 '위치'를 뜻하는 'Position'의 합성어인 영어 전치사는 "명사, 명사구 혹은 대명사 앞에 위치해서 그것과 다른 단어를 연결해 주는 단어"이다. 즉, 전치사는 영어 문장에서 가장 중요한 단어 중 하나인 '명사' (혹은 그에 준하는 명사구, 대명사) 바로 앞에 위치하는 명사의 단짝이다. 결국, '명사 앞 위치'가 전치사의 문법적 기능의 본질이다.

영어 전치사의 수는 약 150개이다. 다만, 일상 생활에서 자주 쓰이는 주요 전차사는 다음 페이지의 그림과 같다. 예를 들어, "A ball lies in a box."라는 문장의 경우, 명사 'a box' 앞에 전치사 'in'이 사용된다. "A ball lies."는 이미 문법적으로 완전한 문장이다. 다만, 전치사구 'in a box'가 동사 'lies'에 대해 '박스 안에'라는 의미를 더해 주는 수식어 즉, 부사구로 사용된다. 물론, 'lie in'을 구동사로 그리고 'a box'를 목적어로 보고, 문장을 이해할 수도 있다. 한편, "The ball is blue."도 이미 문법적으로 완전한 문장이다. 다만, 전치사구 'behind it'이 명사 'The ball'에 대해 '그것(상자) 뒤의'라는 의미를 더해 주는 수식어 즉, 형용사구로 사용된다. 이렇듯 '전치사 + 명사 (명사구, 대명사)'인 전치사구는 부사구 혹은 형용사구로서 한 문장 내에서 수식어의 역할을 담당한다.

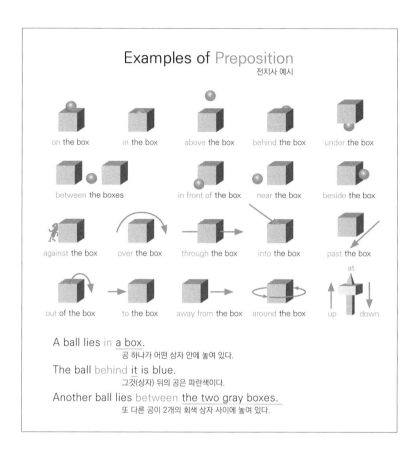

Examples of Preposition
전치사 예시

on the box

in the box

above the box

behind the box

under the box

between the boxes

in front of the box

near the box

beside the box

against the box

over the box

through the box

into the box

past the box

out of the box

to the box

away from the box

around the box

up down

at

A ball lies <u>in</u> a box.
공 하나가 어떤 상자 안에 놓여 있다.
The ball <u>behind it</u> is blue.
그것(상자) 뒤의 공은 파란색이다.
Another ball lies <u>between the two gray boxes</u>.
또 다른 공이 2개의 회색 상자 사이에 놓여 있다.

특히, 시간 혹은 장소 관련 의미를 전달하는 부사구를 만들 때 사용되는 전치사 'In, On, At'의 용법에 주의해야 한다. 원칙적으로 'In → On → At'의 순서에 따라, '일반적 → 구체적' 혹은 '큰 → 작은'이라는 차이가 생긴다. 예를 들어, 시간의 경우, 세기·연도·월·주를 표현할 때는 전치사 'In'을, 날짜·주말을 표현할 때는 전치사 'On'을, 구체적 시간을 표현할 때는 전치사 'At'을 각각 사용한다.

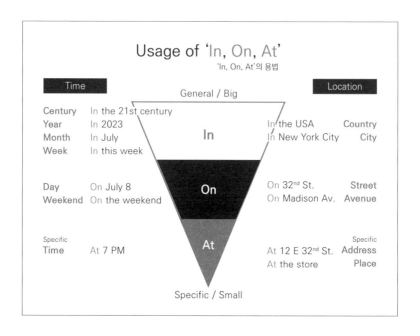

'낮 12시에'를 의미하는 'At noon'의 경우, 이 원칙에 따라서 전치사 'At'을 사용한다. 다만, '아침에'와 '오후에'를 각각 의미하는 'In the morning'과 'In the afternoon'은 전치사 'In'을 사용한다. 한편, 장소의 경우, 국가·도시를 표현할 때는 전치사 'In'을, 도로·거리를 표현할 때는 전치사 'On'을, 구체적 주소·장소를 표현할 때는 전치사 'At'을 각각 사용한다.

전치사의 기능: '명사 앞 위치' Position before a Noun

영어 단어는 각각의 고유한 '의미'와 문법적 '기능'을 동시에 이해해야 한다. 특히, 영어 전치사가 가지고 있는 문법적 '기능'의

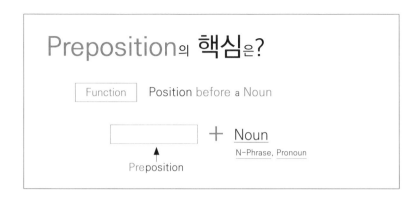

Preposition의 **핵심**은?

| Function | Position before a Noun |

[_____] + <u>Noun</u>
    ↑   N-Phrase, Pronoun
Preposition

핵심은 '명사 앞 위치'라는 것이다. 즉, 명사 혹은 명사에 준하는 명사구와 대명사 바로 앞에 위치하는 것이 전치사의 핵심이자 본질이다. 뒤집어서 설명해 보면, 전치사 뒤에는 반드시 명사, 명사구 혹은 대명사가 필요하다는 것이다. 이러한 측면에서, 전치사 뒤에 있는 명사, 명사구 혹은 대명사를 전치사의 목적어라고 설명하기도 한다. 예를 들어, "Joe waits for Jane."과 'The month after June is July."라는 문장의 경우, 전치사 'for'와 'after' 바로 뒤에 각각 명사 'Jane'과 'June'이 사용된다. 또한, "Joe looks at it."과 "The shape of this is circle."이라는 문장의 경우, 전치사 'at'과 'of' 뒤에 각각 대명사 'it'과 'this'가 사용된다.

이에 더해, "Joe sits on a red chair."와 "It is the day before his birthday."라는 문장의 경우, 전치사 'on'과 'before' 바로 뒤에 각각 명사구 'a red chair'와 'his birthday'가 사용된다. 한편, 전치사 'to' 뒤에 동명사로 시작하는 명사구가 사용되는 경우에는 각

Function of Preposition
전치사의 기능

Preposition + Noun

Joe waits for Jane.
　　조는 제인을 기다린다.

The month after June is July.
　　6월 다음 달은 7월이다.

Preposition + N-Phrase

Joe sits on a red chair.
　　조는 빨간색 의자에 앉아있다.

It is the day before his birthday.
　　(오늘은) 그의 생일 전 날이다.

Preposition + Pronoun

Joe looks at it.
　　조는 그것을 본다.

The shape of this is circle.
　　이것의 모양은 원형이다.

별한 주의가 필요하다. 즉, 전치사 'to'와 부정사 앞에 쓰인 'to'의 용법을 명확하게 구분할 수 있어야 한다. 예를 들어, "Jane objects to running fast."라는 문장의 경우, 'to'는 전치사이다. 따라서 '달리다'라는 동사의 '의미'는 유지하되 명사의 '기능'을 담당하도록 변형된 동명사가 온다. 즉, 동명사로 시작하는 명사구 'running fast'가 전치사 'to' 뒤에 사용된다. 이에 반해, "Joe wants to run fast."라는 문장의 경우, To 부정사로 시작하는 명사구 'to run fast'가 동사 'wants'의 목적어로 사용된다.

또한, "Jane is opposed to going there."라는 문장의 경우, 동명사로 시작하는 명사구 'going there'가 전치사 'to' 뒤에 사용된다. 이에 반해, "Joe intends to go there."라는 문장의 경우, To 부정사로 시작하는 명사구 'to go there'가 동사 'intends'의 목적어로

To Gerund vs. To Infinitive
To 동명사 vs. To 부정사

Preposition + N-Phrase

(~ing + ...)

To Gerund	To Infinitive

To Gerund

Jane objects to running fast.
제인은 빨리 달리는 것에 반대한다.

Jane is opposed to going there.
제인은 거기에 가는 것에 반대한다.

Joe looks forward to meeting Jane.
조는 제인 만나기를 학수고대한다.

Joe is accustomed to getting up early.
조는 일찍 일어나는 것에 익숙하다.

In addition to running, Joe is good at cycling.
달리기에 더해서, 조는 자전거 타기도 잘한다.

Joe devoted himself to studying physics.
조는 물리학을 연구하는 것에 헌신했다.

With a view to mastering grammar, Joe bought this book.
문법을 완전하게 익힐 목적으로, 조는 이 책을 샀다.

To Infinitive

Joe wants to run fast.
조는 빨리 달리기를 원한다.

Joe intends to go there.
조는 거기에 갈 작정이다.

사용된다. 결국, 동일한 단어 'to'의 서로 다른 문법적 기능 2가지를 명확하게 구분하고 올바르게 활용할 수 있어야 한다. 즉, 전치사 'to' 뒤에는 동명사가 오고, 부정사 표시 'to' 뒤에는 부정사 즉, 동사의 원형이 온다. 'object to', 'be opposed to' 외에도 'look forward to', 'be accustomed to', 'in addition to', 'devote oneself to', 'with a view to' 등에서 사용된 'to'는 전치사이다. 한편, 동명사와 부정사는 "7장 동사 기능의 변화, 동사변형" 부분에서 보다 자세하게 설명하겠다.

끝으로, 영어 문장에서 사용되는 전치사와 접속사의 관계에 대한 정확한 이해가 필요하다. 예를 들어, 'after'의 문법적 기능은 다음과 같다. "I will finish my assignment, after I return from school."이라는 문장의 경우, '내가 학교에서 돌아온 후에'라는 의미를 표현하는 종속절 'after I return from school'이 사용된다. 즉, 접속사 'after' 뒤에 주어 'I'와 동사 'return'이 온다. 이에 반해, "I will finish my assignment, after returning from school."이라는 문장의 경우, 동일한 의미를 전달하는 전치사구 'after returning from school'이 문장 전체를 수식하는 부사구로 사용된다. 즉, 전치사 'after' 뒤에 동명사로 시작하는 명사구 'returning from school'이 온다. 한편, 접속사는 "12장 단어·구·절의 연결, 접속사" 부분에서 자세하게 다루겠다.

Verbal

7장. 동사 기능의 변화, 동사변형

기능 '부정사, 분사, 동명사' Infinitive, Participle, Gerund

동사변형의 개념

영어 문장의 심화를 위한 다음 공부 대상은 'Verbal'이다. 안
타깝게도 일반적인 문법 책 혹은 한국의 '학교 문법'에서는 이 용어
를 거의 설명하지도 사용하지도 않는다. 그 결과, 다수의 한국 사

'동사변형'

"spoken rather than written"
"relating to *words*"
(Cambridge Dictionary)

Verbal

· Verb + al

"a form of a verb used as an <u>Adjective</u>, <u>Adverb</u> or <u>Noun</u>
such as Infinitive, Participle or Gerund"

"a verb disguised ..."

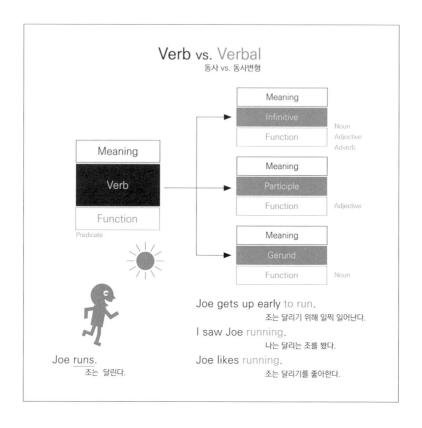

람들은 '영어 문장의 뼈대'인 동사의 고유한 '의미'와 문법적 '기능'
이 무엇인지 그리고 그 '기능'이 어떻게 변하는지를 여전히 이해하
지 못하고 있다. 먼저, 영어 'Verbal'의 사전적 의미는 '언어의', '단
어와 연관된', '글이 아니라 말로' 등이다. 예를 들어, 미국의 일반대
학원 혹은 경영대학원에 입학하기 위해 필요한 '졸업기록시험GRE'
혹은 '대학졸업자를위한경영입학시험GMAT'의 평가 영역 중 하나인
'Verbal Reasoning'은 '언어 추리' 혹은 '언어 논증'을 의미한다. 또

한, 비언어적 의사소통의 반대 개념인 'Verbal Communication'은 '언어적 의사소통'을 의미한다.

한편, 영어 문법에서 말하는 'Verbal'이란 특정 동사의 변형된 형태로서, 서술이라는 영어 동사 본연의 문법적 '기능'은 이미 사라지고 마치 형용사, 부사 혹은 명사처럼 그 기능이 변형되어 영어 문장에서 사용되는 단어를 의미한다. 즉, 고유한 '의미'는 그대로인데 문법적 '기능'이 더 이상 동사가 아닌 것이다. 심지어, 이것을 '형용사, 부사 혹은 명사인 것처럼 위장된 동사'라고도 설명한다. 결론적으로, 영어 문법 용어로서 'Verbal'이란 원래 동사가 가지고 있는 고유한 '의미'는 유지한 채, 그 형태와 문법적 '기능'이 변해서 마치 형용사, 부사 혹은 명사처럼 사용되는 단어를 의미한다. 이러한 측면에서, 'Verbal'을 '동사변형'이라고 표현하겠다. 영어 동사변형은 명사, 형용사 혹은 부사로 기능하는 부정사, 형용사로 기능하는 분사, 명사로 기능하는 동명사로 구분된다.

예를 들어, "Joe runs."라는 문장의 경우, 동사 'runs'가 그 본연의 문법적 '기능'에 따라 서술어로 사용된다. 한편, "Joe gets up early to run."이라는 문장의 경우, 동사 "run"의 형태가 'to run'으로 변했다. 부정사 'to run'은 서술어인 구동사 'get up'을 수식하는 부사구로 사용된다. 한편, '부정사'와 함께 'To 부정사'라는 표현도 많이 사용된다. 또한, "I saw Joe running."이라는 문장의 경우, 동사 'run'의 형태가 'running'으로 변했다. 분사 'running'이 목적어인 명사 'Joe'를 수식하는 형용사로 사용된다. 또한, "Joe likes running."이라는 문장의 경우에도, 동사 'run'의 형태가 'running'으로 변했다. 동명사 'running'이 서술어인 동사 'likes'의 목적어인 명사로 사용된다. 결국, 동사변형에 대한 공부는 영어 동사에 대한 추가적인 학습의 성격을 가진다.

동사변형의 기능: '부정사, 분사, 동명사' Infinitive, Participle, Gerund

각각의 고유한 '의미'를 가지고 있는 수없이 많은 단어는 그 문법적 '기능'의 유사성과 차이점을 기준으로 분류된다. 영어 단어의 경우 명사, 동사, 형용사, 부사, 대명사, 전치사, 감탄사, 접속사라는 8가지 품사 혹은 단어 분류로 구분된다. 다만, 한가지 주목해야 할 것은 'Verbal' 즉, 동사변형은 물론 그것의 3가지 구체적 유형인 부정사, 분사, 동명사는 결코 영어 단어의 품사가 아니라는 점이다. 그러나 안타깝게도 부정사, 분사, 동명사라는 한자어 번역과 한국어

Verbal의 핵심은? ----------→ Phrase 구

Function	Acting as an Adjective, Adverb or Noun with the meaning of a Verb		

Type	Infinitive	Participle	Gerund
Meaning	Verb		
Function	N, A, Ad	A	N

표기에 품사를 표현할 때 쓰이는 한자어 '詞' 즉, '말씀 사'가 포함되어 있다. 그래서 부정사, 분사, 동명사와 같은 동사변형을 마치 명사와 같은 품사의 한 종류로 착각하는 사람들이 적지 않다. 잘못된 한자어와 한국어로 인해 벌어지고 있는 영어 문법 관련 왜곡과 혼란이 그저 안타까울 따름이다.

영어 문장의 심화를 위해서는 구를 활용해야 한다. 구 정복의 핵심이 부정사, 분사, 동명사와 같은 동사변형에 대한 정확한 이해이다. 과연 부정사, 분사, 동명사의 공통점은 무엇일까? 정답은 3가지 모두 동사에서 파생되어 만들어진 구라는 것이다. 앞서 동사의 중요성을 '단어 정복의 핵심'이자 '영어 문장의 뼈대'라고 표현했다. 특히, 각 단어의 고유한 '의미'를 암기하고 문법적 '기능'을 이해하는 것이 동사 공부의 본질이다. 이에 반해, 부정사, 분사, 동명사와 같은 동사변형은 원래 동사가 가지고 있는 고유한 '의미'는 그대로 유지한 채, 그 문법적 '기능'이 형용사, 부사 혹은 명사로 변한 것이다. 즉, 동사의 '의미'와 형용사, 부사 혹은 명사의 '기능'을 동시에 가지고 있는 것이다. 결국, 동사변형은 다른 단어들과 함께 형용사구, 부사구 혹은 명사구를 구성하게 된다.

동사변형의 첫 번째 유형은 부정사이다. '아니다'를 뜻하는 한자어 '不', '정하다'를 뜻하는 한자어 '定' 그리고 '말씀'을 뜻하는 한자어 '詞'를 한국어로 표기한 '부정사'의 사전적 의미는 "영어 따위에서, 인칭·수·시제에 대하여 제약을 받지 아니하는 동사형"이다.

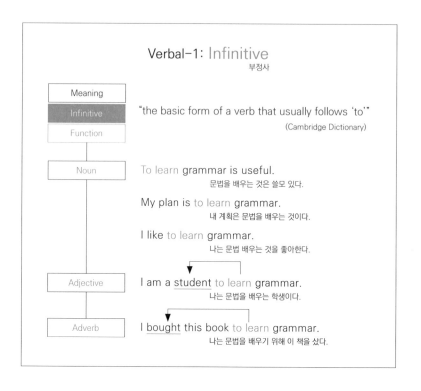

한편, 영어 'Infinitive'는 "일반적으로 To 다음에 오는 동사의 원형"을 의미한다. 이때 'To'는 전치사가 아니고 부정사 표시이다. 즉, 인칭, 수, 시제 등에 의해 변형되지 않은 동사의 원형을 부정사라고 하고, 일반적으로 To와 함께 구를 만든다. 예를 들어, 'runs' 혹은 'ran'으로 변형되기 이전의 원형인 'run'이 부정사이다. 일반적으로 'To'와 함께 사용되기 때문에, 'To 부정사'라고 부르기도 한다. 서술이라는 동사의 원래 문법적 기능이 변해서 만들어진 부정사의 문법적 기능은 다음 3가지로 분류된다.

첫째, 명사의 문법적 기능을 수행하는 부정사이다. 예를 들어, "I learn grammar."라는 문장이 있다. 동사 'learn'은 1인칭 현재 시제를 표현하기 위해 원형과 동일한 형태인 'learn'이 사용된다. 만약 '문법을 배우는 것은 쓸모 있다.'라는 의미를 전달하고 싶으면 어떻게 해야 할까? '배우다'라는 동사 'learn'의 고유한 '의미'는 그대로 유지하면서, 그 문법적 '기능'을 명사로 변경해야지만 문장의 주어가 될 수 있다. 따라서 'to'와 'learn'을 합쳐서 'to learn'이라는 (동사의 형태가 변한 동사변형) 부정사를 만들고, 이것을 'to learn grammar'라는 명사구로 확대한다. 결국, 이 명사구가 주어로 사용되어, "To learn grammar is useful."이라는 새로운 문장이 만들어진다. 한편, 동일한 명사구가 동사 'is'에 대한 보어와 동사 'like'에 대한 목적어로도 각각 사용된다.

둘째, 형용사의 문법적 기능을 수행하는 부정사이다. 예를 들어, "I am a student."와 "A student learns grammar."라는 2개의 문장이 있다. 만약 "학생은 문법을 배운다."라는 의미를 전달하는 두 번째 문장을 첫 번째 문장에 합쳐서, 학생이 하는 행동이 '문법을 배우는 것'임을 표현하고 싶으면 어떻게 해야 할까? '배우다'라는 동사 'learn'의 고유한 '의미'는 그대로 유지하면서, 그 문법적 '기능'을 형용사로 변경해야지만 보어로 사용된 명사 'student'에 대한 수식어가 될 수 있다. 따라서 부정사 표시 'to'와 동사의 원형 'learn'을 합쳐서 'to learn'이라는 부정사를 만들고, 이것을 'to learn grammar'라는 형용사구로 확대한다. 결국, 이 형용사구가 명사 'student'에 대한 수식어로 사용되어, "I am a student to learn grammar."라는 영어 문장이 만들어진다.

셋째, 부사의 문법적 기능을 수행하는 부정사이다. 예를 들어, "I bought this book."과 "I intend to learn grammar."라는 2개의 문장이 있다. 만약 "나는 문법을 배우고자 한다."라는 두 번째 문장을 첫 번째 문장에 합쳐, "나는 문법을 배우기 위해 이 책을 샀다."라는 의미를 표현하고 싶으면 어떻게 해야 할까? '배우다'라는 동사 'learn'의 고유한 '의미'는 그대로 유지하면서, 그 문법적 '기능'을 부사로 변경해야지만 동사 'bought'에 대한 수식어가 될 수 있다. 따라서 부정사 표시 'to'와 동사의 원형 'learn'을 합쳐서 'to learn'이라는 부정사를 만들고, 이것을 'to learn grammar'라는 부사구로 확대한다. 결국, 이 부사구가 동사 'bought'에 대한 수식어로 사용되어, "I bought this book to learn grammar."라는 하나의 완전한 문장이 만들어진다.

동사변형의 두 번째 유형은 분사이다. '나누다'를 뜻하는 한자어 '分'과 '말씀'을 뜻하는 한자어 '詞'를 한국어로 표기한 '분사'의 사전적 의미는 "형용사의 기능을 가지는 동사의 부정형"이다. 매우 아쉽게도 한자어 번역과 한국어 표기 모두 영어 분사의 정확한 의미를 전혀 전달하지 못한다. 이에 반해, '공유하다 혹은 참여하다'를 뜻하는 라틴어 'participium'에서 유래한 영어 'Participle'은 "일반적

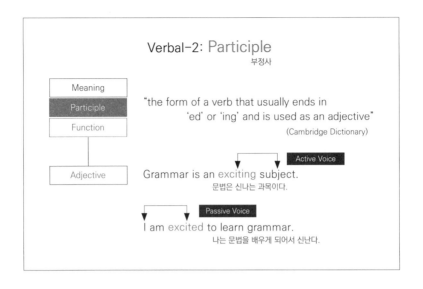

으로 'ed' 혹은 'ing'로 끝나며, 형용사로 사용되는 동사의 형태"를 의미한다. 즉, 동사의 고유한 '의미'와 형용사의 문법적 '기능'을 공유한다는 것이 영어 'Participle'의 본래 의미이다. 다만, 분사가 하나의 단어 형태로만 사용된 경우, 그것이 원래부터 형용사인지 혹은 동사의 기능이 변경되어 분사가 된 것인지 여부를 구별하려는 것은 의사소통 측면에서 전혀 무의미하다.

분사와 관련하여 특히 주의해야 할 점은 '능동태'와 '수동태'의 명확한 구분과 올바른 활용이다. 결론적으로, 분사의 수식을 받는 명사와 분사의 원형인 동사의 관계를 기준으로 'Voice' 즉, 태를 결정한다. 예를 들어, 명사 'subject'에 대해 동사 'excite'의 의미를 더할 때, 이 둘의 관계는 주체와 행동이다. 따라서, "Grammar is

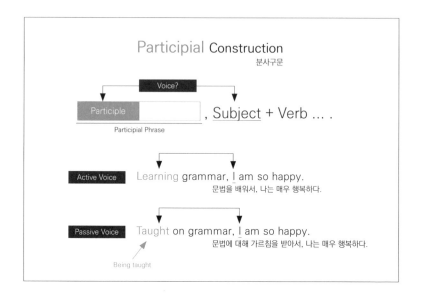

an exciting subject."와 같이 능동태인 'exiting'이 된다. 이때 명사구 'an exciting subject'는 불완전동사 'is'를 완전하게 보충해 주는 보어의 기능을 담당한다. 한편, 대명사 'I'에 대해 동사 'excite'의 의미를 더할 때, 이 둘의 관계는 객체와 행동이다. 따라서, "I am excited to learn English."와 같이 수동태인 'excited'가 된다. 형용사구 'excited to learn English'는 불완전동사 'am'를 완전하게 보충해 주는 보어의 기능을 담당한다.

이에 더해, 영어 문장 전체를 수식하는 부사구의 기능을 담당하는 분사구를 만들 수도 있다. 이때 분사구를 포함한 영어 문장 전체를 흔히 '분사구문'이라고 부른다. 분사구문의 경우, 문장 전체의 주어와 분사의 원형인 동사의 관계를 기준으로 태를 결정한다. 예를 들어, "I am so happy."는 문법적으로 완전한 문장이다. 문장 전체에 대해 동사 'learn'이라는 의미를 더할 때, 주어 'I'와 동사 'learn'의 관계는 주체와 행동이다. 따라서, "Learning grammar, I am so happy."와 같이 능동태 'learning'이 된다. 한편, 문장 전체에 대해 동사 'teach'라는 의미를 더할 때, 주어 'I'와 동사 'teach'의 관계는 객체와 행동이다. 따라서 'Taught on grammar'와 같이 수동태가 된다. 다만, 동사 'be'를 분사로 변경하여, 'Being taught on grammar'라고 표현할 수도 있다.

원칙적으로 영어 문장 전체를 수식하는 분사의 의미상 주어는 해당 문장의 주어이다. 따라서 분사의 원형인 동사의 주체와 분사구문 전체 동사의 주체는 반드시 일치해야 한다. 이러한 일치의 원칙이 무너진 분사구를 '현수 분사' 혹은 '현수 수식어'라고 부른다. 분사가 수식어로서 문장 전체에 대해 제대로 자리잡지 못하고, 말

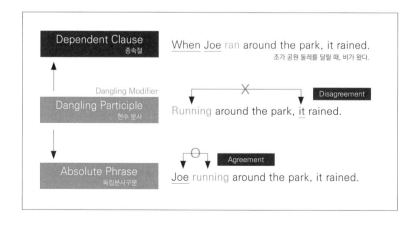

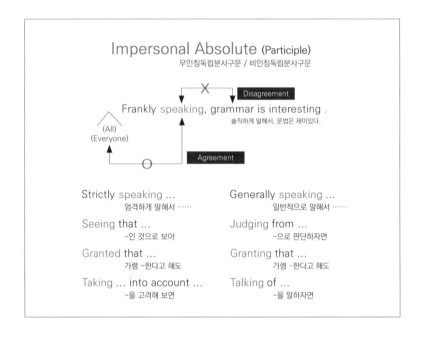

뜻 그대로 '달랑거리며' 매달려 있음을 비유적으로 표현한 명칭이다. 예를 들어, "Running around the park, it rained."의 경우, 문장 전체의 주어 'it'은 분사 'running'의 의미상 주어가 아니다. 현수분사의 이러한 불일치의 문제점을 개선하는 방법 중 하나는 "When Joe ran around the park, it rained."와 같이 수정하는 것이다. 즉, 접속사 'When'을 사용하여 주어인 명사 'Joe'와 동사 'ran'이 포함된 종속절을 만드는 것이다.

현수 분사의 문제점을 개선하는 또 다른 방법은 '독립분사구문'을 활용하는 것이다. 독립분사구문이란 전체 문장 주어와의 '상대적' 관계에 상관없이, 의미상 분사의 '절대적' 주어인 명사 혹은 대명사를 분사 바로 앞에 별도로 표기해서 만든 분사구를 의미한다. 예를 들어, "Joe running around the park, it rained."와 같이 수정할 수 있다. 즉, 분사 'running' 앞에 명사 'Joe'를 별도로 표기한 독립분사구문 'Joe running around the park'을 사용한다. 한편, 독립분사구문 중 분사의 의미상 주어가 일반인인 경우, 그것을 생략한다. 흔히 이것을 '비인칭 혹은 무인칭 독립분사구분'이라고 표현한다. 'Generally speaking', 'Judging from', 'Granting that' 등과 같은 분사구가 문장 전체에 대한 수식어로 쓰이는 것이 비인칭독립분사구문의 대표적인 예시이다.

　　동사변형의 세 번째 유형은 동명사이다. '움직이다'를 뜻하는 한자어 '動', '이름'을 뜻하는 한자어 '名', '말씀'을 뜻하는 한자어 '詞'를 한국어로 표기한 '동명사'의 사전적 의미는 "영어 따위에서 동사와 명사의 기능을 겸한 품사"이다. 정확하지 않은 엉터리 개념 정의이다. 이미 설명한 바와 같이, 동명사는 동사의 '의미'와 명사의 '기능'을 겸한 단어로서 결코 품사는 아니다. 한편, '계속해서 이어지다'를 뜻하는 라틴어 'gerundus'에서 유래한 영어 'Gerund'는 "동사로부터 만들어졌고 명사처럼 사용되는 'ing'로 끝나는 단어"를 의미한다. 즉, 동사의 '의미'가 명사의 '기능'에까지 계속해서 이어진다는 것이 영어 'Gerund'의 본래 뜻이다. 표면적으로 드러나는 동명사의 형태는 동사의 원형에 "ing"를 붙인 것으로, 능동태를 표현하는 분사의 형태와 동일하다.

Verbal-3: Gerund
동명사

Meaning	"a word ending in 'ing' that is made from a verb
Gerund	and used like a noun" (Cambridge Dictionary)
Function	

Noun

Learning grammar is interesting.
문법을 배우는 것은 재미있다.
The first step is learning grammar.
첫 번째 단계는 문법을 배우는 것이다.
I enjoy learning grammar.
나는 문법 배우는 것을 즐긴다.

동사의 고유한 '의미'는 그대로 유지한 채 형용사의 문법적 '기능'을 담당하는 분사와 달리, 동명사는 동사의 고유한 '의미'를 그대로 유지한 채 명사의 문법적 '기능'을 담당하는 단어이다. 따라서 동명사 혹은 동명사구는 영어 문장에서 주어, 보어 혹은 목적어의 역할을 한다. 예를 들어, 동명사 'learning'과 명사 'grammar'가 합쳐져서 동명사구 'learning grammar'가 만들어진다. 명사의 기능을 하는 동명사구가 "Learning grammar is interesting."이라는 문장에서는 주어로 사용된다. 동일한 동명사구가 "The first step is learning grammar."라는 문장에서는 불완전동사 'is'를 완전하게 보충해 주는 보어로 사용된다. 또한, 동일한 동명사구가 "I enjoy learning grammar."라는 문장에서는 목적어가 필요한 동사 즉, 타

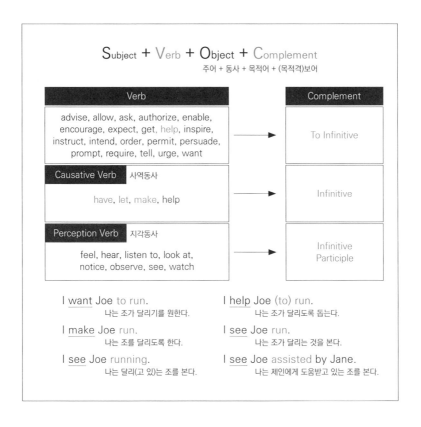

동사인 'enjoy'의 목적어로 사용된다.

　한편, 영어 문장 전체의 서술어로 사용되는 동사의 성격에 따라 목적격보어로 사용되는 동사변형의 유형이 달라지는 것에 특별히 주의해야 한다. 우선, 목적어와 목적격보어가 필요한 대부분의 동사는 'To 부정사'를 목적격보어로 사용한다. 예를 들어, "I want Joe to run."이라는 문장의 경우, 서술어로 사용된 동사 'want'의 성격 때문에, 목적격보어로 'to run'이 사용된다. 다음으로, 'have, let, make' 등과 같은 'Causative Verb' 즉, 사역동사의 경우, 'To'를 생략한 부정사 즉, 동사의 원형이 목적격보어로 사용된다. 예를 들어, "I make Joe run."이라는 문장의 경우, 서술어로 사용된 동사 'make'의 성격 때문에, 목적격보어로 부정사 'run'이 사용된다. 한편, '준사역동사'인 'help'가 서술어로 사용되면, 목적격보어로 'to run'과 'run' 둘 다 사용될 수 있다.

끝으로, 'feel, hear, listen to, look at, notice, observe, see, watch' 등과 같은 지각동사의 경우, 'to'를 생략한 부정사 혹은 분사가 목적격보어로 사용된다. 예를 들어, "I see Joe run."이라는 문장의 경우, 서술어로 사용된 동사 'see'의 성격 때문에, 목적격보어로 'run'이 사용된다. 목적격보어로 분사를 사용할 경우, 목적어와의 관계를 기준으로 현재분사 혹은 과거분사를 선택한다. 예를 들어, "I see Joe running."이라는 문장의 경우, 서술어로 사용된 동사 'see'의 성격 및 목적어 'Joe'와 분사의 원형인 동사 'run'의 능동적 관계 때문에, 현재분사 'running'이 사용된다. 이에 반해, "I see Joe assisted by Jane."의 경우, 서술어로 사용된 동사 'see'의 성격 및 목적어 'Joe'와 분사의 원형인 동사 'assist'의 수동적 관계 때문에, 과거분사 'assisted'가 사용된다.

결론적으로, 동사변형이란 동사의 고유한 '의미'는 그대로 유지한 채 그 문법적 '기능'을 형용사, 부사 혹은 명사로 변경해서 영어 문장에 사용하는 것이다. 따라서, 동사변형은 물론 부정사, 분사, 동명사는 결코 영어 단어의 품사를 지칭하는 용어가 아니다. 특히, 잘못된 '한자어 번역'과 맹목적 '한국어 표기'로 인한 왜곡과 혼란을 경계해야 한다. 다만, 동사의 '의미'와 명사의 '기능'이라는 측면에서 '동명사'라는 한자어 번역과 한국어 표기는 나름 그 의미가 있다. 물론, 무엇이 '의미'이고 무엇이 '기능'인지에 대한 구분 없이 그저 동명사라고 표현한 아쉬움은 여전히 남는다. 한편, 동사의 '의미'와 형용사의 '기능'이라는 측면에서는 '분사'라는 전혀 뜻이 통하지 않는 명칭을 '동형사'로 수정해 보는 것은 어떨까 상상해 본다. 물론, 최선의 표현은 그냥 'Participle'일 뿐이다.

조동사는
법성, 시제, 법 혹은 태와 같은
문법적 '기능'을
더해 주는 방법으로
본동사를 '도와주는 동사'이다.

Auxiliary Verb

8장. 동사에 기능 더하기, 조동사

기능 '시제, 법, 태' Tense, Mood, Voice

조동사의 개념

영어 문장의 심화를 위한 다음 공부 대상은 조동사이다. '돕다, 지원하다'를 뜻하는 한자어 '助', '움직이다'를 뜻하는 한자어 '動', '말씀'을 뜻하는 한자어 '詞'를 한국어로 표기한 '조동사'의 사전적

조동사 助動詞
Auxiliary Verb
"helping or supporting"

"a verb that gives grammatical information such as modality, tense,
mood or voice that is not given by the main verb of a sentence"
(Cambridge Dictionary)

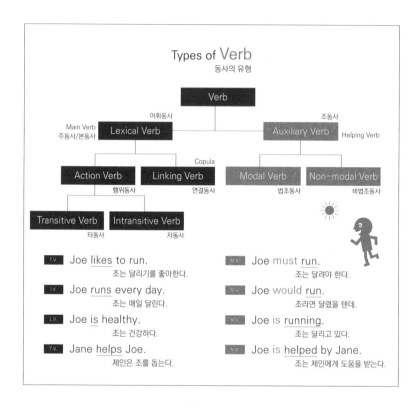

의미는 "본동사와 연결되어 그 풀이를 보조하는 동사"이다. 한편, '돕는 혹은 지원하는'을 뜻하는 형용사 'Auxiliary'와 '동사'를 뜻하는 명사 'Verb'의 합성어인 영어 조동사는 "한 문장의 본동사에 의해서는 주어지지 않는 법성, 시제, 법 혹은 태와 같은 문법 정보를 제공해 주는 동사"이다. 결론적으로, 법성, 시제, 법 혹은 태와 같은 문법적 '기능'을 더해 주는 방법으로 영어 문장의 서술어로 사용된 본동사를 '도와주는 동사'가 바로 영어 조동사이다. 즉, 서술어로 사용된 본동사에 대해 문법적 '기능'과 그에 따른 추가적 '의미'를 더해 주는 것이 영어 조동사의 본질이다.

조동사를 좀더 정확하게 이해하려면, 먼저 동사의 전체 유형부터 알아야 한다. 기본적으로 영어 동사는 본동사로 사용되는 어휘동사와 그것을 도와주는 조동사로 크게 분류된다. 또한 어휘동사는 행위동사와 연결동사로 각각 구분된다. 그리고 행위동사는 목적어가 필요한 타동사와 목적어가 필요 없는 자동사로 구분된다. 예를 들어, "Joe likes to run."이라는 문장의 경우, 동사 'like'는 명사구로 사용된 동사변형인 부정사 'to run'을 목적어로 받는 타동사이다. "Joe runs every day."의 경우, 동사 'run'은 목적어가 필요 없는 자동사이다. 이에 반해, "Joe is healthy"와 같이, 주어 'Joe'와 보어 'healthy'를 연결해 주는 동사 'is (be)'는 연결동사이다. 한편, "2장 영어 문장의 뼈대, 동사" 부분에서는 영어 문장에서 본동사로 사용되는 어휘동사를 중심으로 설명했다.

영어 조동사는 법조동사와 비법조동사로 구분된다. 우선, 'Can, Could, May, Might, Must, Shall, Should, Will, Would' 총 9개의 법조동사가 있다. 또한, 때로는 본동사로 때로는 법조동사로도 쓰이는 총 4개의 준법조동사 'Need, Dare, Ought to, Used to'가 있다. 이에 더해, 법조동사는 아니지만 본동사를 도와주는 총 3개의 비법조동사 'Be, Do, Have'도 있다. 결국, 영어 조동사는 시제, 법, 태라는 미묘한 추가적 의미를 문장 전체의 서술어인 본동사에 더해 주는 문법적 '기능'을 담당한다. 특히, '법조동사의 고유한

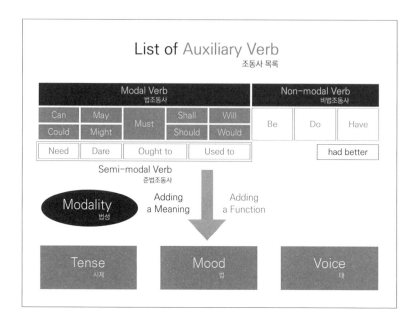

성질'인 '법성'으로 인해 가정법과 같은 법이 만들어진다. 영어 문
법에서 말하는 법이란 '방식 혹은 방법' 즉, '진술하는 태도'를 의미
하는 'Mode' 혹은 'Mood'를 번역한 표현이다. 'Mode'의 형용사가
'Modal'이고, 그 추상명사가 'Modality'이다.

총 9개의 법조동사가 가지고 있는 각각의 고유한 성질과 의미
즉, 법조동사의 법성은 다음과 같다. 첫째, 법조동사 'Can, Could'
는 일반적 능력, 비공식적 요청, 허락, 예측 등의 의미를 본동사에 더
해 준다. 예를 들어, "Joe can run."이라는 문장의 경우, 'can'이 '할
수 있다'라는 일반적 능력의 의미를 본동사 'run'에 더한다. 둘째, 법
조동사 "May, Might'은 공식적 요청, 허락, 가능성, 예측 등의 의미

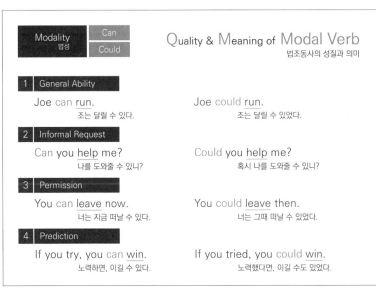

Modality
법성

Can
Could

Quality & Meaning of Modal Verb
법조동사의 성질과 의미

1 General Ability

Joe can run.
조는 달릴 수 있다.

Joe could run.
조는 달릴 수 있었다.

2 Informal Request

Can you help me?
나를 도와줄 수 있니?

Could you help me?
혹시 나를 도와줄 수 있니?

3 Permission

You can leave now.
너는 지금 떠날 수 있다.

You could leave then.
너는 그때 떠날 수 있었다.

4 Prediction

If you try, you can win.
노력하면, 이길 수 있다.

If you tried, you could win.
노력했다면, 이길 수도 있었다.

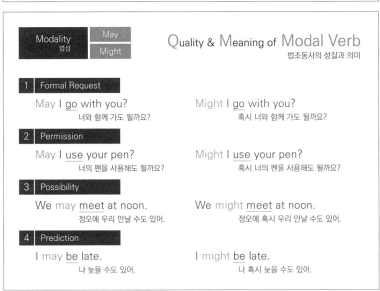

Modality
법성

May
Might

Quality & Meaning of Modal Verb
법조동사의 성질과 의미

1 Formal Request

May I go with you?
너와 함께 가도 될까요?

Might I go with you?
혹시 너와 함께 가도 될까요?

2 Permission

May I use your pen?
너의 펜을 사용해도 될까요?

Might I use your pen?
혹시 너의 펜을 사용해도 될까요?

3 Possibility

We may meet at noon.
정오에 우리 만날 수도 있어.

We might meet at noon.
정오에 혹시 우리 만날 수도 있어.

4 Prediction

I may be late.
나 늦을 수도 있어.

I might be late.
나 혹시 늦을 수도 있어.

를 본동사에 더해 준다. 예를 들어, "May I go with you?"라는 문

Modality 법성	Must	Quality & Meaning of Modal Verb

법조동사의 성질과 의미

1 | Necessity

You must <u>learn</u> grammar to be good at English.

영어에 능숙하기 위해서, 너는 문법을 배워야 한다.

2 | Inference

He must <u>be</u> the best candidate, considering his career.

그의 경력을 고려하면, 그가 최고의 후보자임이 틀림없다.

장의 경우, 'May'가 '해도 되는지'라는 정중한 요청의 의미를 본동사 'go'에 더한다. 셋째, 법조동사 'Must'는 필요, 추론 등의 의미를 본동사에 더해 준다. 예를 들어, "He must be the best candidate, considering his career."의 경우, 'must'가 '~임이 틀림없다'라는 추론의 의미를 본동사 'be'에 더한다.

넷째, 법조동사 'Will, Would'는 요청, 의도, 확실성, 예측 등의 의미를 본동사에 더해 준다. 예를 들어, "Joe will read this book."이라는 문장의 경우, 'will'은 '~하려 한다'라는 의도를 본동사 'read'에 더한다. "Joe will continue running."이라는 문장의 경우, '~할 거다'라는 예측을 본동사 'continue'에 더한다. 다섯째, 법조동사 'Shall'은 의도, 비공식적 요청 등의 의미를 본동사에 더해 주고, 'Should'는 기대, 제안, 조언, 책임 등의 의미를 본동사에 더해 준다. 예를 들어, "We shall finish this project today."라는 문장의 경우, 'shall'이 '~하겠다'라는 의도를 본동사 'finish'에 더한다. 또

Quality & Meaning of Modal Verb
법조동사의 성질과 의미

1 Informal Request

Will you go with me?
나와 함께 갈래?

Would you go with me?
혹시 나와 함께 갈래?

2 Formal Request

Will you be quiet?
조용해 주시겠습니까?

Would you be quite?
혹시 조용해 주시겠습니까?

3 Intention / Certainty

Joe will read this book.
조는 이 책을 읽을 거야.

It would be a best-seller.
이것은 베스트셀러가 될거야.

4 Prediction

Joe will continue running.
조는 달리기를 계속할 거야.

I would be late today.
나는 오늘 늦을 거야.

Quality & Meaning of Modal Verb
법조동사의 성질과 의미

1 Intention

We shall finish this project today.
우리는 오늘 이 프로젝트를 끝내려 합니다.

2 Informal Request

Shall I explain the concept of 'Modal Verb' for you?
너를 위해 내가 '법조동사'의 개념을 설명해도 될까?

1 Expectation

You should receive my answer in the afternoon.
너는 오후에 나의 답변을 받을 거야.

2 Suggestion / Advice

To be good at grammar, you should read this book.
문법에 능숙하기 위해서, 너는 이 책을 읽어야 해. (읽는 것이 좋아.)

3 Responsibility

All of us should cooperate to prevent climate change.
기후변화를 막기 위해서 우리 모두는 협력해야 한다.

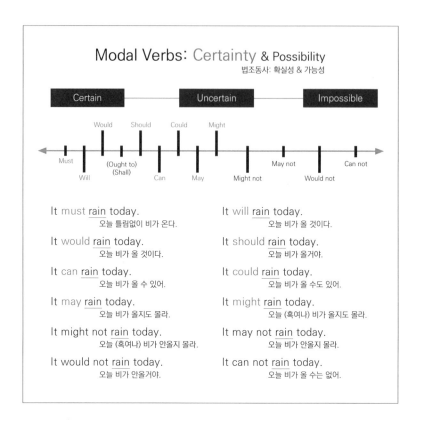

한, "To be good at grammar, you should read this book."이라는 문장의 경우, 'should'가 '~하는 것이 좋다'라는 제안 혹은 조언의 의미를 본동사 'read'에 더한다.

한편, '확실성과 불확실성' 그리고 '가능성과 불가능성'을 기준으로 각각의 법조동사가 전달하는 미묘한 의미의 차이를 구분하기도 한다. 예를 들어, "It must rain today."라는 문장의 경우, 'must'가 '틀림없이 ~이다'라는 확실성의 의미를 본동사 'rain'에 더한다.

Modality
법성

Quality & **M**eaning of **S**emi-modal Verb
준법조동사의 성질과 의미

| Need | **Necessity** | (usually, in negative form) |

Jane <u>needs</u> to run.
제인은 달릴 필요가 있다.

No one need <u>run</u>.
누구도 달릴 필요가 없다.

| Dare | **Bravery** |

Jane dares to go there.
제인은 감히 그곳에 가려 한다.

Jane dare go there.
제인은 감히 그곳에 가려 한다.

| Ought to | **Necessity** |

Jane ought to <u>run</u>.
제인은 달려야 한다.

Joe ought not to <u>sleep</u>.
조는 자면 안된다.

| Used to | **Experience** |

Joe used to <u>run</u>.
조는 달리곤 했다.

Jane didn't used to <u>run</u>.
제인은 달리곤 하지 않았다.

이에 반해, "It may rain today."라는 문장의 경우, 'may'가 '~일 지도 모른다'라는 불확실성의 의미를 본동사 'rain'에 더한다. 즉, 'Must → Will → Can → May'의 순서로 확실성은 줄어들고 불확 실성은 커지게 된다. 특히, 'Would'는 'Will'의 과거시제를 표현하 는 것이 아니고, 'Will'의 경우보다 좀더 낮은 확실성을 표현하는 것 이다. 'Should', 'Could', 'Might'의 경우에도 마찬가지이다. 한편, 'Might not → May not → Would not → Can not'의 순서로 가능 성은 줄어들고 불가능성은 커진다.

다음으로 총 4개의 준법조동사의 법성 즉, 그 성질과 의미는 다음과 같다. 첫째, 준법조동사 'Need'는 주로 부정문에서 필요의 의미를 본동사에 더해 준다. 예를 들어, "No one need run."이라는 문장의 경우, 'need'가 '필요하다'라는 의미를 본동사 'run'에 더한다. 이에 반해, "Jane needs to run."의 경우, 3인칭 단수 형태를 취한 'needs'는 본동사이다. 한편, "Jane need run."은 매우 어색한 문장이다. 왜냐하면 준법조동사 'need'는 주로 부정문에 사용되기 때문이다. 둘째, 준법조동사 'Dare'는 용기의 의미를 본동사에 더해 준다. 예를 들어, "Jane dare go there."라는 문장의 경우, 'dare'가 '감히 ~하다'라는 의미를 본동사 'go'에 더한다. 이에 반해, 동일한 의미를 전달하는 "Jane dares to go there."의 경우, 3인칭 단수 형태를 취한 'dares'는 본동사이다.

셋째, 2개의 단어로 구성된 하나의 동사구인 'Ought to'가 준법조동사로서 필요의 의미를 본동사에 더해 준다. 예를 들어, "Jane ought to run."이라는 문장의 경우, 'ought to'가 '~해야 한다'라는 필요의 의미를 본동사 'run'에 더한다. "Joe ought not to sleep"의 경우에도, 부정어 'not'과 합쳐진 준법조동사 'ought to'가 '~하면 안된다'라는 의미를 본동사 'sleep'에 더한다. 넷째, 2개의 단어로 구성된 하나의 동사구인 'Used to'가 준법조동사로서 경험의 의미를 본동사에 더해 준다. 예를 들어, "Joe used to run."이라는 문장의 경우, 'used to'가 '(과거에) ~하곤 했다'라는 경험의 의미를 본동사 'run'에 더한다. 한편, 부정문의 경우 "Jane used not to run."이 틀린 것은 아니지만, 일반적으로 "Jane didn't used to run"이라

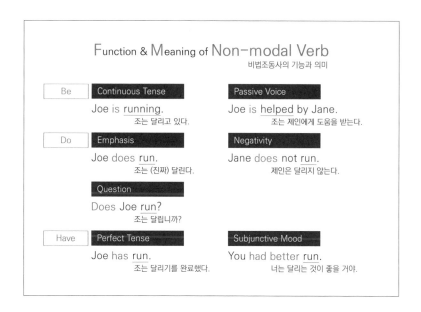

Function & Meaning of Non-modal Verb

비법조동사의 기능과 의미

Be	
Continuous Tense	**Passive Voice**
Joe is running.	Joe is helped by Jane.
조는 달리고 있다.	조는 제인에게 도움을 받는다.

Do	
Emphasis	**Negativity**
Joe does run.	Jane does not run.
조는 (진짜) 달린다.	제인은 달리지 않는다.
Question	
Does Joe run?	
조는 달립니까?	

Have	
Perfect Tense	**Subjunctive Mood**
Joe has run.	You had better run.
조는 달리기를 완료했다.	너는 달리는 것이 좋을 거야.

는 표현이 좀더 많이 사용된다.

　마지막으로, 총 3개의 비법조동사의 기능과 의미에 대해 설명하겠다. 다만, 법조동사와 준법조동사의 경우와는 달리, 비법조동사에 대해서는 법조동사의 성격을 설명하는 용어인 법성이라는 표현을 원칙적으로 사용할 수 없다는 사실에 주목해야 한다. 왜냐하면 'Modal Verb' 즉, 법조동사가 아닌 비법조동사는 'Modality' 즉, 법성을 가지지 않기 때문이다. 따라서 단순히 '비법조동사의 기능과 의미'라고만 표현하겠다. 첫째, 비법조동사 'Be'는 연속시제, 수동태 등의 의미를 본동사에 더해 준다. 예를 들어, "Joe is running."이라는 문장의 경우, 3인칭·현재·단수 형태 'is'가 현재분사 형태 '~ing'

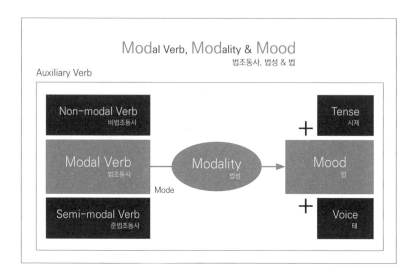

와 함께 본동사 'run'에 연속시제의 의미를 더한다. 한편, "Joe is helped by Jane.'의 경우, 'is'가 과거분사 형태 '~ed'와 함께 본동사 'help'에 수동태의 의미를 더한다.

둘째, 비법조동사 'Do'는 강조, 부정, 의문의 의미를 본동사에 더해 준다. 예를 들어, "Joe does run."이라는 문장의 경우, 'does'가 '진짜 ~하다'라는 강조의 의미를 본동사 'run'에 더한다. 또한 "Does Joe run?"이라는 문장의 경우, 'does'가 의문의 의미를 본동사 'run'에 더해서 의문문을 만든다. 셋째, 비법조동사 'Have'는 완료시제, 가정법 등의 의미를 본동사에 더해 준다. 예를 들어, "Joe has run."이라는 문장의 경우, 'has'가 과거분사 형태와 함께 본동사 'run'에 완료시제의 의미를 더한다. 또한 "You'd better run."이라는 문장의 경우, 과거 형태 'had'가 'better'와 함께 '현재의 비현실적 가능성'을 가정해 보는 가정법의 의미를 본동사 'run'에 더한다. 즉, 현재 달리지 않는 것이 사실인데, 만약 현재 달린다면 더 좋을 텐데라고 가정을 해 보는 것이다.

결론적으로, 총 9개 법조동사의 고유한 성질인 법성은 '진술하는 태도 또는 방법'인 법이라는 문법적 '기능'을 본동사에 더한다. 'Mode, Modal, Modality, Mood'라는 영어 단어 모두가 '태도 또는 방법'과 연관된 것들이다. 결국, 영어 조동사는 법에 더해 시제와 태라는 문법적 '기능'을 문장 전체의 서술어인 본동사에 더해 줌으로써, 본동사를 '도와주는 동사'이다. 한국 사람들에게 조동사는 쉬운듯 하면서도 무척 어렵다. 특히, 조동사助動詞, 법조동사法助動詞, 준법조동사准法助動詞, 비법조동사非法助動詞, 법성法性 등과 같은 영어 본연의 의미를 전혀 전달하지 못하는 잘못된 '한자어 번역'과 맹목적 '한국어 표기'가 상황을 더욱 악화시킨다. 따라서, 본래의 영어 명칭과 그 개념부터 정확하게 이해해야 한다. 특히, 그 문법적 '기능'의 핵심인 시제, 법, 태에 주목해야 한다.

조동사의 기능: '시제, 법, 태' Tense, Mood, Voice

영어 문장에서 조동사가 본동사에 더해 주는 첫 번째 문법적 '기능'은 시제이다. 영어 'Tense'를 한자어 '時制'로 번역했고, 이것을 한국어로 표기한 것이다. 한국어 '시제'는 "어떤 사건이나 사실이

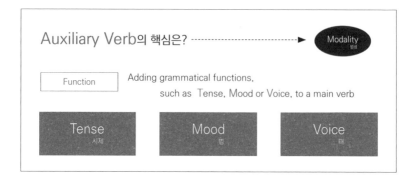

일어난 시간 선상의 위치를 표시하는 문법 범주"를 의미한다. 한편, 영어 'Tense'의 사전적 의미는 "어떤 행동이 발생했던 시간을 보여 주는 동사의 형태"이다. 즉, 시제는 동사의 형태를 지칭한다. 결국, 시제란 쏜 화살과 같이 매우 빠르게 지나가는 시간의 흐름 속에서 동사의 행위가 과연 어떤 시점에서 이루어졌는지를 표시해 주는 조동사의 중요한 문법적 '기능'이다. 따라서 사전과 어휘 책을 통해 동사를 공부할 때는 반드시 그 의미에 더해 시제라는 문법적 '기능'에도 주목해야 한다. 동사의 시제는 크게 지점, 지속 그리고 연속을 기준으로 총 12가지로 분류된다.

우선, 특정한 시점 즉, 지점을 표현하는 단순시제에는 다음 3가지 유형이 있다. 첫째, 바로 지금을 표현하는 동사의 형태인 (단순) 현재시제이다. 예를 들어, "I run."은 지금 내가 달리기를 하고 있다는 사실을 전달한다. 즉, 동사 'run'이라는 행동이 바로 지금 벌어지고 있다는 표현이다. 둘째, 현재 이전의 특정한 시점을 표현하는 동

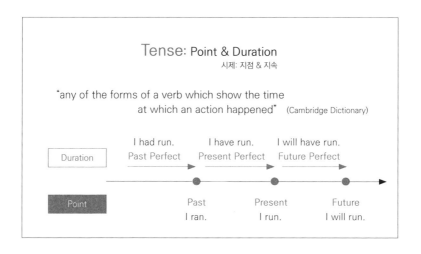

사의 형태인 (단순)과거시제이다. 예를 들어, "I ran."은 내가 과거의 어떤 시점에 달리기를 했다는 사실을 전달한다. 1시간 전, 1일 전, 1년 전 모두 과거의 한 시점이기에 과거시제로 표현한다. 셋째, 현재 이후의 특정한 시점을 표현하는 동사의 형태인 (단순)미래시제이다. 예를 들어, "I will run."은 내가 미래의 어떤 시점에 달리기를 할 것이라는 사실을 전달한다. 1시간 후, 1일 후, 1년 후 모두 미래의 한 시점이기에 미래시제로 표현한다.

　또한, 어떤 행동이 일정 기간 동안만 유지된 후 완료된다는 것을 의미하는 지속시제에는 다음 3가지 유형이 있다. 첫째, 과거에 시작되었던 행동이 현재 시점에서 완료된 것을 표현하는 동사의 형태인 현재완료시제이다. 예를 들어, "I have run."은 과거에 내가 시작했던 달리기가 현재 끝났다는 의미이다. 둘째, 과거에 시작되었던

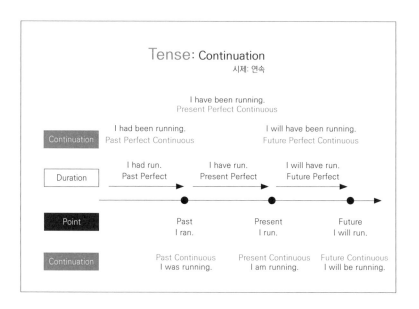

행동이 또 다른 과거 시점에서 완료되었던 것을 표현하는 동사의 형태인 과거완료시제이다. 예를 들어, "I had run."은 과거에 내가 시작했던 달리기가 이후 또 다른 과거에 이미 끝났다는 의미이다. 셋째, 현재 혹은 미래에 시작된/될 행동이 (또 다른) 미래 시점에서 완료될 것을 표현하는 동사의 형태인 미래완료시제이다. 예를 들어, "I will have run."은 현재 혹은 미래에 내가 시작한/할 달리기가 이후 (또 다른) 미래에 끝날 것이라는 의미이다.

이에 더해, 지점과 지속에 각각 '연속된다'라는 의미를 더해 주는 연속시제 혹은 진행시제가 있다. 지점을 표현하는 (단순)현재, (단순)과거, (단순)미래에 연속의 의미를 더한 3가지와 지속을 표현하는 현재완료, 과거완료, 미래완료에 연속의 의미를 더한 3가지를 합

Mood
법

"a form of a verb which indicates whether the verb expresses
real facts, commands, questions, conditions or unreal possibilities"

| Indicative Mood | 직설법 | To express Real Facts |

Joe is happy.
조는 행복하다.

Joe runs fast.
조는 빠르게 달린다.

| Imperative Mood | 명령법 | To express Commands |

Be happy.
행복해라.

Run fast.
빠르게 달려라.

| Interrogative Mood | 의문법 | To express Questions |

Is Joe happy?
조는 행복하니?

Does Joe run fast?
조는 빠르게 달리니?

| Conditional Mood | 조건법 | To express Conditions |

Joe can be happy, if he is healthy.
만약 건강하다면, 조는 행복할 수 있어.

Joe will run fast, if the weather is good.
만약 날씨가 좋다면, 조는 빠르게 달릴거야.

Realistic Condition

Unrealistic Condition

| Subjunctive Mood | 가정법 | To express Unreal Possibilities |

Joe could be happy, if he were healthy.
만약 조가 (현재) 건강하다면, 조는 (현재) 행복할 수 있을 텐데.

Joe would run fast, if the weather were good.
만약 날씨가 (현재) 좋다면, 조는 (현재) 빠르게 달릴 텐데.

처 총 6개의 연속시제가 있다. 첫째, "I am running."과 같은 동사의 형태인 (단순)현재연속시제이다. 둘째, "I was running."과 같은 동사의 형태인 (단순)과거연속시제이다. 셋째, "I will be running."과 같은 동사의 형태인 (단순)미래연속시제이다. 넷째, "I have been running."과 같은 동사의 형태인 현재완료연속시제이다. 다섯째, "I had been running."과 같은 동사의 형태인 과거완료연속시제이다. 여섯째, "I will have been running."과 같은 동사의 형태인 미래완료연속시제이다.

영어 문장에서 조동사가 본동사에 더해 주는 두 번째 문법적 '기능'은 법 혹은 서법이다. 영어 'Mood'를 한자어 '法' 혹은 '敍法'으로 번역했고, 이것을 한국어로 표기한 것이다. 한국어 '법' 혹은 '서법'은 "문장의 내용에 대한 말을 하는 사람 혹은 글을 쓰는 사람의 심리적 태도를 나타내는 동사의 어형 변화"를 뜻한다. 한편, 영어 'Mood'의 사전적 의미는 '동사가 현실적 사실, 명령, 질문, 조건 혹은 비현실적 가능성을 표현하고 있는지를 나타내는 동사의 형태"이다. 다시 말해, 영어의 법은 말을 하는 사람 혹은 글을 쓰는 사람의 심리적 태도를 표현하는 동사의 형태를 지칭한다. 영어의 법은 현실적 사실을 표현하는 직설법, 명령을 표현하는 명령법, 질문을 표현하는 의문법, 조건을 표현하는 조건법, 비현실적 가능성을 표현하는 가정법, 이렇게 총 5가지로 크게 분류된다.

예시를 통해 5가지 종류의 법 혹은 서법의 의미를 보다 구체적으로 설명해 보겠다. 첫째, "Joe is happy."와 "Joe runs fast."는 현실적 사실을 표현하는 직설법 문장이다. 조동사의 도움 없이 본동사 'is'와 'runs'가 각각 3인칭 단수 형태를 취하고 있다. 둘째, "Be happy."와 "Run fast."는 명령을 표현하는 명령법 문장이다. 조동사의 도움 없이 본동사 'Be'와 'Run'이 문장의 맨 앞에서 각각 동사

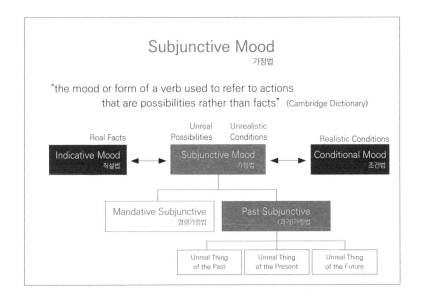

의 원형을 취하고 있다. 셋째, "Is Joe happy?"와 "Does Joe run fast?"는 질문을 표현하는 의문법 문장이다. 전자의 경우, 조동사의 도움 없이 본동사 'Is'가 문장 맨 앞에서 3인칭 단수 형태를 취하고 있다. 후자의 경우, 3인칭 단수 형태를 취한 조동사 'Does'가 문장 맨 앞에서 본동사 'run'을 돕고 있다. 즉, 비법조동사 'Does'가 의문의 의미를 본동사에 더한다.

넷째, "Joe can be happy, if he is healthy."와 "Joe will run fast, if the weather is good."은 조건을 표현하는 조건법 문장이다. 전자의 경우, 'if he is healthy'라는 조건의 충족을 전제로, 조동사 'can'이 본동사 'be'를 돕고 있다. 후자의 경우, 'if the weather is good'이라는 조건의 충족을 전제로, 조동사 'will'이 본동사 'run'을

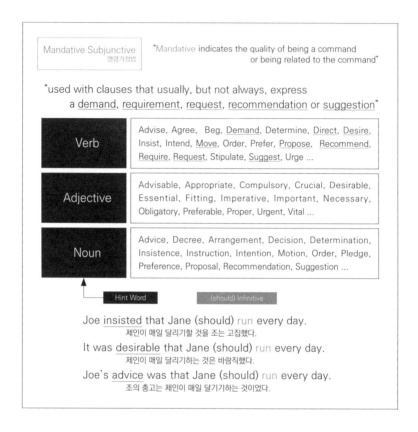

돕고 있다. 즉, 법조동사 'can'과 'will'이 각각 일반적 능력과 의도라는 의미를 본동사에 더해 준다. 다섯째, "Joe could be happy, if he were healthy."와 "Joe would run fast, if the weather were good."은 비현실적 가능성을 표현하는 가정법 문장이다. 접속사 'if'로 시작되는 종속절이 있다는 유사함에도 불구하고, 조건법은 '실현 가능한 조건'을 그리고 가정법은 '실현 불가능한 조건'을 각각 표현한다는 분명한 차이점이 있다.

특히, 영어 가정법은 크게 2가지 유형으로 분류되는데, 각각에 대한 정확하고 꼼꼼한 이해가 필요하다. 첫째, 요구, 필요, 요청, 권고 혹은 제안을 표현하는 절에서 주로 사용되는 동사의 형태인 명령가정법이 있다. 예를 들어, "Joe insisted that Jane (should) run every day."라는 문장의 경우, 동사 'insisted' 때문에 접속사 'that'으로 시작하는 절에서 조동사 'should'가 본동사 'run'을 돕고 있다. 즉, 법조동사 'should'가 제안, 조언 등의 의미를 본동사에 더한다. 또한, 조동사 때문에 본동사 'run'은 동사의 원형을 취한다. 다만, 조동사 'should'를 생략하고 본동사의 원형만 사용하는 경우가 좀더 많다. "It was desirable that ..."과 "Joe's advice was that ..."의 경우에도, 형용사 'desirable'과 명사 'advice' 때문에 '(should) run'이 각각 사용된다.

둘째, 과거, 현재 혹은 미래의 시점에서 비현실적인 혹은 가상적인 조건을 표현하는 절에서 주로 사용되는 동사의 형태인 과거가정법이 있다. 이것이 흔히 말하는 '가정법'이다. 'Subjunctive'라는 단어 앞에 과거를 의미하는 형용사 'Past'를 관용적으로 붙이는 이유는 가정법을 표현하는 동사의 형태가 얼핏 보면 (단순)과거시제를 표현하는 동사의 형태와 비슷하기 때문이다. 물론 가정법과 (단순)과거시제 모두 조동사가 본동사에 더해 주는 문법적 '기능'이라는 공통점이 있다. 그러나 법과 시제는 명확하게 구분되는 별도의 문법적 '기능'이라는 점에 유의해야 한다. 따라서 '과거가정법'보다 '가정

Past Subjunctive
(과거)가정법

Hint Word

If, As if, As though, Wish, Suppose, Imagine ...

"used in a clause to express
an unreal or hypothetical condition in the present, past or future"

Unreal Possibilities
of the Past

If | had + P.P.

could, should, might
would have + P.P.

If Joe had run every day, he would have been healthy.
만약 조가 (과거에) 매일 달리기를 했었다면, 그는 (과거에) 건강했을 텐데.

If I had been a bird, I could have flied away.
만약 내가 (과거에) 새였다면, 나는 (과거에) 멀리 날아갈 수 있었을 텐데.

Unreal Possibilities
of the Present

If | Past

could, should, might
would Infinitive

If Joe ran every day, he would be healthy.
만약 조가 (현재) 매일 달리기를 한다면, 그는 (현재) 건강할 텐데.

If I were a bird, I could fly away.
만약 내가 (현재) 새라면, 나는 (현재) 멀리 날아갈 수 있을 텐데.

Unreal Possibilities
of the Future

If | should / were to

could, should, might
would Infinitive

If Joe should run every day, he would be healthy.
만약 조가 (미래에) 매일 달리기를 할거라면, 그는 (미래에) 건강할 텐데.

If I were to be a bird, I could fly away.
만약 내가 (미래에) 새일거라면, 나는 (미래에) 멀리 날아갈 수 있을 텐데.

법'이라는 표현이 훨씬 더 바람직하고 정확하다. '현실적 사실'을 표현하는 직설법과 비교하면, '비현실적 가능성'을 표현하는 가정법의 본질이 보다 명확하게 드러난다.

우선, '과거의 비현실적 가능성'을 표현하는 동사의 형태인 가정법이 있다. 이것을 흔히 '가정법 과거완료'라고 설명하기도 하는데, 결코 정확하지 않은 표현이다. 왜냐하면 이것은 시제가 아니라

법이기 때문이다. 예를 들어, "If Joe had run every day, he would have been healthy."라는 문장의 경우, 과거의 '현실적 사실'과 반대되는 가정을 표현한다. 즉, "조가 매일 달리기를 하지 않았기 때문에, 조는 건강하지 않았다."라는 과거의 사실을 뒤집어서 표현한다. 또한, "If I had been a bird, I could have flied away."의 경우에도, "내가 새가 아니었기 때문에, 나는 멀리 날아갈 수 없었다."라는 과거의 사실을 뒤집어서 표현한다. 두 문장 모두 접속사 'If'를 생략하고 도치해서, "Had Joe run every day, ..." 그리고 "Had I been a bird, ..."라고 쓰기도 한다.

　　다음으로, '현재의 비현실적 가능성'을 표현하는 동사의 형태인 가정법이 있다. 이것을 흔히 '가정법 과거'라고 설명하기도 하는데, 결코 정확하지 않은 표현이다. 예를 들어, "If Joe ran every day, he would be healthy."라는 문장의 경우, 현재의 '현실적 사실'과 반대되는 가정을 표현한다. 즉, "조가 매일 달리기를 하지 않기 때문에, 조는 건강하지 않다."라는 현재의 사실을 뒤집어서 표현한다. 또한, "If I were a bird, I could fly away."의 경우에도, "내가 새가 아니기 때문에, 나는 멀리 날아갈 수 없다."라는 현재의 사실을 뒤집어서 표현한다. 두 문장 모두 접속사 'If'를 생략하고 도치해서, "Did Joe run every day, ..." 그리고 "Were I a bird, ..."라고 쓰기도 한다. 특히, 전자의 경우, 본동사 'run'을 돕는 비법조동사 'Did'를 사용해 가정법을 표현한다.

　　끝으로, '미래의 비현실적 가능성'을 표현하는 동사의 형태인 가정법이 있다. 예를 들어, "If Joe should run every day, he would be healthy."라는 문장의 경우, 예견된 미래의 '현실적 사실'과 반대되는 가정을 표현하는 동사의 형태가 보인다. 즉, "조가 매일 달리기를 하지 않을 것이기 때문에, 조는 건강하지 않을 것이다."라는 미래의 현실적 사실을 뒤집어서 표현한다. 또한, "If I were to be a bird, I could fly away."의 경우에도, "내가 새가 아닐 것이기 때

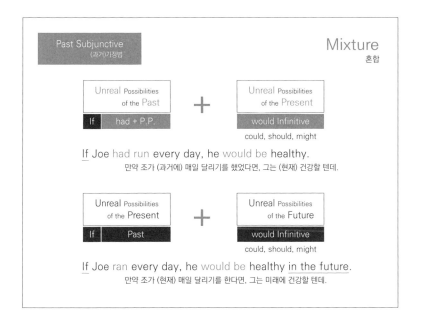

문에, 나는 멀리 날아갈 수 없을 것이다."라는 미래의 현실적 사실을
뒤집어서 표현한다. 두 문장 모두 접속사 'If'를 생략하고 도치해서,
"Should Joe run every day, ..." 그리고 "Were I to be a bird, ..."
라고 쓰기도 한다. 다만, 'should'에 비해, 'were to'는 현실성이 좀
더 낮은 미래를 가정할 때 사용된다.

한편, 소위 '혼합 가정법'도 있다. 먼저, 조건절은 '과거의 비현
실적 가능성'을, 주절은 '현재의 비현실적 가능성'을 각각 표현하는
가정법이 있다. 예를 들어, "If Joe had run every day, he would
be healthy."라는 문장은 "조가 (과거에) 매일 달리기를 하지 않았
기 때문에, 조는 (현재) 건강하지 않다."라는 사실을 뒤집어서 표현한

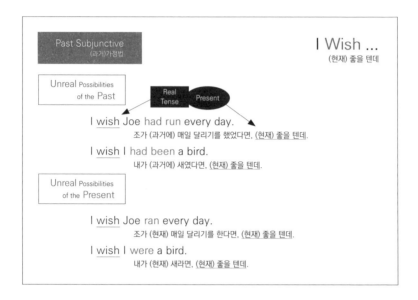

다. 이에 더해, 조건절은 '현재의 비현실적 가능성'을, 주절은 '미래의 비현실적 가능성'을 각각 표현하는 가정법이 이론적으로는 존재한다. 예를 들어, "If Joe ran every day, he would be healthy in the future."라는 문장은 "조가 (현재) 매일 달리기를 하지 않기 때문에, 그는 미래에 건강하지 않을 것이다."라는 사실을 뒤집어서 표현한다. 다만, 'in the future'를 제외하면, '현재의 비현실적 가능성'을 표현하는 것과 동일한 형태가 된다.

또한, 동사 'wish'를 활용한 가정법 문장도 많이 사용된다. 우선, '과거의 비현실적 가능성'을 표현하는 가정법이다. 예를 들어, "I wish Joe had run every day."라는 문장의 경우, 과거의 사실을 뒤집어서, "조가 (과거에) 매일 달리기를 했었다면, (현재) 좋을 텐데."라

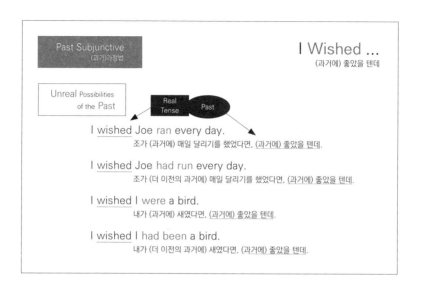

고 현재 시점의 아쉬움을 표현한다. "I wish I had been a bird."의
경우에도, "내가 (과거에) 새였다면, (현재) 좋을 텐데."라고 현재 시점
의 아쉬움을 표현한다. 다음으로, '현재의 비현실적 가능성'을 표현
하는 가정법이다. 예를 들어, "I wish Joe ran every day."의 경우,
현재의 사실을 뒤집어서, "조가 (현재) 매일 달리기를 한다면, (현재)
좋을 텐데."라고 현재 시점의 아쉬움을 표현한다. "I wish I were a
bird."의 경우에도, "내가 (현재) 새라면, (현재) 좋을 텐데."라는 현재
시점의 아쉬움을 표현한다.

　한편, 동사 'wish'를 'wished'로 수정하여, 아쉬움을 표현하는
시점을 현재에서 과거로 옮길 수도 있다. 예를 들어, "I wished Joe
ran every day."라는 문장의 경우, 과거의 사실을 뒤집어서 과거 시

점의 아쉬움을 표현한다. 즉, "조가 (과거에) 매일 달리기를 했었다
면, (과거에) 좋았을 텐데."라는 의미를 전달한다. 또한, "I wished I
were a bird."는 "내가 (과거에) 새였다면, (과거에) 좋았을 텐데."를
의미한다. 이에 반해, "I wished Joe had run every day."의 경우
에는, 더 이전 과거의 사실을 뒤집어서 과거 시점의 아쉬움을 표현
한다. 즉, "조가 (더 이전의 과거에) 매일 달리기를 했었다면, (과거에)
좋았을 텐데."라는 의미를 전달한다. 또한, "I wished I had been a
bird."는 "내가 (더 이전의 과거에) 새였다면, (과거에) 좋았을 텐데."라
는 의미를 전달한다.

영어 문장에서 조동사가 본동사에 더해 주는 세 번째 문법적
'기능'은 태이다. 영어 'Voice'를 한자어 '態'로 번역했고, 이것을 한

국어로 표기한 것이다. 한국어 '태'는 "동사에 관여하는 동작의 방향성에 관한 문법 형태"를 뜻한다. 영어 'Voice'의 사전적 의미는 "동사의 주어와 동사에 의해 묘사되는 행위 간의 관계를 보여주는 동사의 형태"이다. 즉, 태는 동사의 형태를 지칭한다. 우선, 동사 행위의 주체가 주어인 능동태가 있다. 예를 들어, "I wrote this book."의 경우, 동사 'write'을 행했던 주체가 주어인 대명사 'I'이다. 명사구 'this book'은 행위의 대상인 목적어이다. 한편, 동사 행위의 대상이 주어인 수동태가 있다. 예를 들어, "This book was written by me."의 경우, 동사 'write'의 대상인 'the book'이 주어이다. 행위의 주체는 'by me'라는 부사구로 표현된다.

원칙적으로 능동태 형식의 영어 문장이 좀더 바람직하다. 다만, 동사 행위의 대상을 특별히 강조하는 등 필요한 경우에 한해서는, 수동태를 활용할 수도 있다. 행위의 대상 즉, 목적어가 있는 능동태 문장은 'be + P.P. + by'라는 형식에 맞추어 수동태 문장으로 변경된다. 이때 비법조동사 'be'가 수동태의 의미를 본동사에 더해준다. 직접목적어와 간접목어가 모두 있는 능동태 문장의 경우 2가지 종류의 수동태 문장으로 변경될 수 있다. 예를 들어, "Running gives him great pleasure."라는 문장에는 직접목적어인 명사구 'great pleasure'와 간접목적어인 대명사 'him'이 있다. 직접목적어를 강조할 경우 "Great pleasure is given to him by running."으로, 그리고 간접목적어를 강조할 경우 "He is given great pleasure

Joe has been running since 9 A.M.
조는 오전 9시 이후로 계속 달리고 있다.

by running."으로 각각 변경할 수 있다.

　결론적으로, 영어 문장에서 조동사가 본동사에 더해 주는 문법적 '기능'은 시제, 법 그리고 태이다. 다시 말해, 영어 문장의 시제, 법 그리고 태는 조동사와 본동사가 만들어내는 동사의 형태이다. 조동사와 본동사가 다양한 형태로 조합되어 만들어지는 동사구는 문장 전체의 서술어가 된다. 이 동사구는 본동사가 품고 있는 고유한 '의미'와 함께 조동사가 더해 준 시제, 법 그리고 태라는 문법적 '기능'과 관련한 미묘한 '의미'의 차이도 표현한다. 예를 들어, "Joe has been running since 9 A.M."이라는 문장의 경우, "조는 오전 9시 이후로 계속 달리고 있다."라는 의미를 전달한다. 즉, 조동사와 본동사로 이루어진 동사구 'has been running'은 '달리다'라는 본동사의 고유한 의미와 함께 ① 현재완료연속시제, ② 직설법 그리고 ③ 능동태라는 추가적 의미도 표현한다.

제 3 부
영어 문장의 완성

COMPLETION OF A SENTENCE

GRAMMAR

Article

9장. 명사의 머리, 관사

질문-1 '특별히 정해진 명사인가?' Defined?
질문-2 '셀 수 있는 명사인가?' Countable?
질문-3 '자음으로 시작하는 명사인가?' Consonant?

관사의 개념

영어 문장의 완성을 위한 영어 단어 공부의 출발은 관사이다. '갓'을 뜻하는 한자어 '冠'과 '말씀'을 뜻하는 한자어 '詞'를 한국어로 표기한 '관사'의 사전적 의미는 "영어, 프랑스어, 독일어 따위에서 명사 앞에 놓여 단수, 복수, 성, 격 따위를 나타내는 품사"이다. 한자

관사 冠詞
Article

artus   "a joint; to fit together"

"any of the English words 'a', 'an' and 'the',
or words in other languages that do the same job as these"
(Cambridge Dictionary)

어 '冠詞'라는 번역 그리고 한국어 '관사' 즉, '갓과 같은 품사'라는 표현을 긍정적으로 그리고 적극적으로 해석해 보면 다음과 같다. 조선 시대 양반들이 정식으로 갖추어 입는 옷차림은 '의관衣冠' 즉, 남자의 웃옷과 갓이었다. 따라서 머리에 갓을 쓰지 않고 단순히 옷만 입고 외출하는 것은 마치 벌거벗고 다니는 것과 같을 정도로 예법에 어긋나는 것이었다. 이러한 역사적, 문화적 배경을 고려하면, '관사'란 문장의 머리에 해당할 만큼 중요한 '명사'에 반드시 씌워야 하는 '갓과 같은 품사'인 것이다.

한편, '연결 부위, 연결하다, 서로 잘 맞다'를 뜻하는 라틴어 'artus'에서 유래한 영어 'Article'의 사전적 의미는 "'a', 'an', 'the'와 같은 영어 단어"이다. 즉, '서로 잘 맞게' 명사에 '연결'해서 사용하는 'a, an, the'와 같은 단어가 영어 'Article'의 본질적 의미이다. 앞서 "단어, 구, 문장 그리고 절" 부분에서 이미 자세하게 설명한 바와 같이, 수없이 많은 영어 단어는 그 문법적 기능의 유사성과 차이점을 기준으로 총 8가지 품사 혹은 단어 분류로 구분된다. 명사, 동사, 형용사, 부사, 대명사, 전치사, 감탄사, 접속사가 영어의 8품사이다. 한가지 주목해야 할 점은 이번 장의 주제인 관사는 결코 영어 8품사에 포함되지 않는다는 것이다. 즉, 영어 관사는 별도의 독립된 품사가 아니라, 영어 명사에 대한 추가적 정보를 제공해 주는 '명사에 연결된 단어'에 불과하다는 사실이다.

'명사에 연결된 단어'인 관사는 크게 2가지 유형으로 분류된

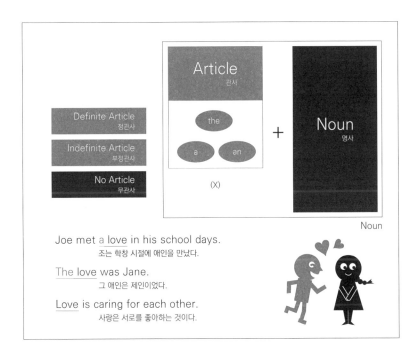

Noun

Joe met a love in his school days.
조는 학창 시절에 애인을 만났다.

The love was Jane.
그 애인은 제인이었다.

Love is caring for each other.
사랑은 서로를 좋아하는 것이다.

다. 첫째, 관사에 연결된 명사가 '특별히 정해지지 않은' 경우에 사용되는 'Indefinite Article' 즉, 부정관사이다. 예를 들어, "Joe met a love in his school days."라는 문장의 경우, 부정관사 'a'가 '애인'을 뜻하는 명사 'love' 앞에 사용된다. 둘째, 관사에 연결된 명사가 주어진 '맥락상' 혹은 '맥락과 상관없이' '특별히 정해진' 경우에 사용되는 'Definite Article' 즉, 정관사이다. 예를 들어, "The love was Jane."이라는 문장의 경우, 정관사 'The'가 동일한 형태로 동일한 의미를 전달하는 명사 'love' 앞에 사용된다. 앞 문장에 사용된 'a love'가 다시 언급된다는 '맥락'에 의해 '특별히 정해졌기' 때문에,

'The love'라고 표현된 것이다. 따라서, 'The love'는 앞서 언급된 바로 '그 애인'을 의미한다.

한편, "Love is caring for each other."이라는 문장의 경우, 명사 'Love' 앞에 관사가 없다. 이때 'Love'는 '애인'이 아니라 하나의 추상적 개념인 '사랑'이다. 품사의 측면에서 보면, 'a love', 'The love', 'Love'라는 3가지 모두 명사이다. 다만, 부정관사, 정관사, 무관사라는 차이점 때문에 동일한 형태의 명사 'love' 사이에 '(어떤 막연한) 애인', '(앞서 언급한) 그 애인' 그리고 '(추상적 개념인) 사랑'이라는 미묘한 의미의 차이가 드러난다. 즉, '셀 수 있는지 여부'라는 문법적 '기능'과 그러한 기능의 변화에 따른 고유한 '의미'의 변화라는 명사의 본질과 관사는 연결되어 있다. 특히, 관사는 아예 없고 명사의 기능 분화가 약한 한국어를 모국어로 사용하는 사람들에게, 관사는 쉽지 않은 주제이다. 결국, 관사에 대한 공부는 명사에 대한 정확한 이해에서 출발한다.

관사 관련 3가지 질문: '특별히 정해졌나? / 셀 수 있나? / 자음인가?'
Defined? / Countable? / Consonant?

영어 문장에서 관사를 올바르게 사용하기 위해서는 다음 3가지 질문에 대해 정확하게 답변할 수 있어야 한다. 첫째, '특별히 정해진 명사인가?' 즉, 명사의 특정성 여부에 관한 질문이다. 이 질문에 대한 답변이 'Yes'라면 명사 앞에 정관사 'the' 를 사용한다. 답변이

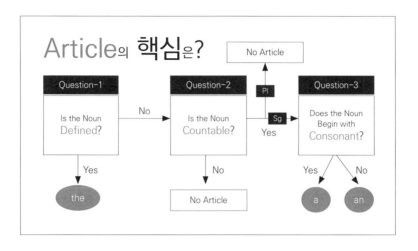

'No'라면 다음 질문으로 넘어간다. 둘째, '셀 수 있는 명사인가?' 즉, 명사의 문법적 기능의 핵심인 '셀 수 있는지 여부'에 관한 질문이다. 이 질문에 대한 답변이 'No'라면 관사를 아예 쓰지 않는다. 답변이 'Yes'라면, 명사 앞에 부정관사를 사용한다. 다만, 명사가 복수 형태인 경우에는 관사를 쓰지 않고, 단수인 경우에만 다음 질문으로 넘어간다. 셋째, '자음으로 시작하는 명사인가?' 즉, 명사의 발음에 관한 질문이다. 이 질문에 대한 답변이 'Yes'이면 'a'를, 'No'이면 'an'을 각각 명사 앞에 사용한다.

예를 들어, "Joe has many books."라는 문장의 명사 'books'의 경우, 질문-1 '특별히 정해진 명사인가?'에 대한 답변은 'No' 그리고 질문-2 '셀 수 있는 명사인가?'에 대한 답변은 'Yes'이다. 다만, 그 수가 복수이기 때문에 관사를 쓰지 않고 'books'라고만 표현

the   a   an   No Article

Joe has many books.
　　조는 많은 책을 가지고 있다.
Jane likes an exciting book.
　　제인은 신나는 책을 좋아한다.
Jane borrowed a book on adventure from Joe.
　　조는 제인으로부터 모험심에 관한 (막연한 어떤) 책을 빌렸다.
Jane will return the book tomorrow.
　　제인은 그 책을 내일 반납할 것이다.

한다. 또한, "Jane borrowed a book on adventure from Joe."라는 문장의 명사 'book'의 경우에도, 질문-1에 대한 답변은 'No', 질문-2에 대한 답변은 'Yes'이다. 다만, 이번에는 단수이기 때문에 질문-3 '자음으로 시작하는 명사인가?'로 넘어가는데, 그 대답은 'Yes'이다. 따라서, 부정관사 'a'를 써서 'a book'이라고 표현한다. 동일한 문장의 추상명사 'adventure'의 경우, 질문-1과 질문-2에 대한 답변은 모두 'No'이다. 따라서, 어떠한 관사도 쓰지 않고 그냥 'adventure'라고만 표현한다.

한편, "Jane likes an exciting book."이라는 문장의 경우, 명사 'book'과 형용사 'exciting'이 합쳐진 명사구가 사용된다. 이 경우에도 동일하게 질문-1에 대한 답변은 'No', 질문-2에 대한 답변은 'Yes'이다. 또한, 단수이기에 질문-3으로 넘어간다. 다만, 명사 'book' 앞에 있는 형용사 'exciting'의 발음이 모음으로 시작하기 때문에, 질문-3에 대한 답변은 'No'이다. 따라서, 부정관사 'an'을 써서 'an exciting book'이라고 표현한다. 이에 반해, "Jane will return the book tomorrow."라는 문장의 명사 'book'의 경우에는, 맥락상 특별히 정해진 책이기 때문에, 질문-1에 대한 답변이 'Yes'이다. 따라서, 정관사 'the'를 써서 'the book'이라고 표현한다. 결국, 질문-1에 대한 답변이 'Yes'인 경우에는 질문-2와 질문-3에 대한 검토가 전혀 필요 없다.

특히, 질문-1과 관련하여 '특별히 정해진'이라는 표현의 정확한 의미를 좀더 깊이 있게 이해해야 한다. 우선, '맥락상' 특별히 정해지는 경우가 있다. 예를 들어, "I like to read (a/the) book."의 경우, 명사 'book' 앞에 부정관사 'a'와 정관사 'the' 둘 다 사용할 수 있다. 다만, 주어진 의사소통의 맥락에 따라 선택이 달라질 뿐이다. 결국, 'a book'은 '(막연하게 어떤) 책'을 그리고 'the book'은 '(특별히 정해진) 그 책'을 각각 의미한다. 이에 더해, 형용사 'interesting', 형용사구 'very interesting', To 부정사 'to be borrowed from the library', 관계대명사절 'which I will borrow from the library' 등의 다양한 수식어로 명사 'book'을 수식하는 경우에도 'a'와 'the' 둘 다 사용할 수 있다. 즉, '수식된' 명사와 '특별히 정해진' 명사는 그 개념이 전혀 다르다.

다음으로, '맥락과 상관없이' 특별히 정해지는 경우도 있다. 즉, 언어 사회의 공유된 역사적, 문화적 배경을 근거로 특별

the : Defined within the Context

I like to read a book.
　　　나는 (막연하게 어떤) 책을 읽고 싶다.

I like to read the book.
　　　나는 그 책을 읽고 싶다.

Modified ≠ **Defined**

I like to read an interesting book.
　　　나는 (막연하게 어떤) 재미있는 책을 읽고 싶다.

I like to read a very interesting book.
　　　나는 (막연하게 어떤) 매우 재미있는 책을 읽고 싶다.

I like to read a book to be borrowed from the library.
　　　나는 도서관에서 빌려올 (막연하게 어떤) 책을 읽고 싶다.

I like to read the book to be borrowed from the library.
　　　나는 도서관에서 빌려올 그 책을 읽고 싶다.

I like to read a book which I will borrow from the library.
　　　나는 (내가) 도서관에서 빌려올 (막연하게 어떤) 책을 읽고 싶다.

I like to read the book which I will borrow from the library.
　　　나는 (내가) 도서관에서 빌려올 그 책을 읽고 싶다.

히 정해지는 명사가 있다. 예를 들어, 'Sun'의 경우, 태양계에 하나밖에 없는 바로 그 태양을 '특별히 정해서' 언급하는 것이기에, 정관사 'the'를 붙인다. 일반적으로 가족 간의 대화에서 'wash machine', 'refrigerator', 'church'의 경우, 특정 장소에 위치한 특정 대상임을 서로 잘 알고 있기에, 정관사 'the'를 붙인다. 'The Reformation'은 17~18세기 서구 유럽의 바로 그 '종교개혁'을, 'the Abolition'은 18~19세기 미국의 바로 그 '노예제도 철폐'를, 'the Independence'는 1776년 미국의 바로 그 '독립혁명'을 그리고 'The 9-11 terrorist attacks'는 바로 그 '2001년 미국에 대한 테

During the day time, the sun glares in the desert.
낮 시간 동안, 태양은 사막에서 눈부시게 빛난다.

Honey, please put these clothes into the washing machine.
자기야, 이 옷들을 세탁기에 넣어줘.

Give me a glass of water from the refrigerator.
냉장고에서 물 한 잔 줘.

It's Sunday. Let's go to the church.
일요일이야. 교회 가자.

The Reformation is an important event in Western history.
종교개혁은 서구 역사에서 중요한 사건이다.

Abraham Lincoln is known as an icon of the Abolition.
에이브러햄 링컨은 노예제도 폐지의 아이콘으로 알려져 있다.

There was a parade to celebrate the Independence.
미국 독립을 축하하는 퍼레이드가 있었다.

The 9-11 terrorist attacks left a trauma on Americans.
9-11 테러 공격은 미국인들에게 트라우마를 남겼다.

러 공격'을 각각 의미하기에, 모두 정관사 'the'를 붙인다.

끝으로, 질문-3과 관련하여 부정관사 'a'와 'an'의 구분을 좀 더 정확하게 이해할 필요가 있다. 원칙적으로 부정관사 바로 뒤에 오는 명사 혹은 명사구의 발음이 자음으로 시작되면 'a'를 그리고 모음으로 시작되면 'an'을 각각 사용한다. 예를 들어, 자음 [l] 발음으로 시작하는 명사 'love' 앞에는 부정관사 'a'를 붙인다. 또한, 자음 [b] 발음으로 시작하는 명사구 'beautiful love'와 자음 [u] 발음으로 시작하는 명사구 'UN officer' 앞에도 부정관사 'a'를 붙인다. 다만, 명사구 'unforgettable love'의 경우 'U'의 알파벳 글자는 자음

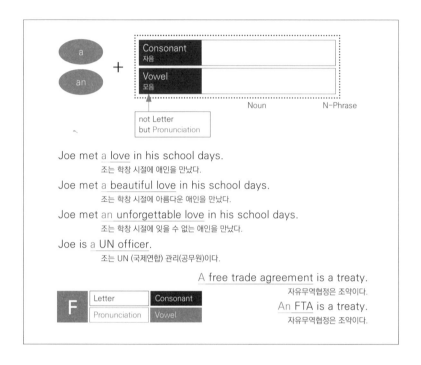

Joe met a love in his school days.
조는 학창 시절에 애인을 만났다.

Joe met a beautiful love in his school days.
조는 학창 시절에 아름다운 애인을 만났다.

Joe met an unforgettable love in his school days.
조는 학창 시절에 잊을 수 없는 애인을 만났다.

Joe is a UN officer.
조는 UN (국제연합) 관리(공무원)이다.

A free trade agreement is a treaty.
자유무역협정은 조약이다.

An FTA is a treaty.
자유무역협정은 조약이다.

이지만 그 발음이 모음 [ㅅ]이기 때문에, 부정관사 'an'을 붙인다. 즉, 명사의 첫 알파벳 글자가 아니라 그 발음이 판단의 기준이다. 따라서, 명사구 'Free Trade Agreement' 앞에는 'a'를 붙이고, 두문자어Acronym인 'FTA' 앞에는 'an'을 붙인다.

Agreement
10장. 문장의 수미일관, 일치

질문-1 '주어와 동사가 일치하는가?' Subject = Verb?
질문-2 '대명사와 명사가 일치하는가?' Pronoun = Noun?
질문-3 '동사와 부사가 일치하는가?' Verb = Adverb?

일치의 개념

영어 문장의 완성을 위한 두 번째 공부 대상은 일치이다. '하나'를 뜻하는 한자어 '一'과 '이르다'를 뜻하는 한자어 '致'를 한국어로 표기한 '일치'의 사전적 의미는 "비교되는 대상들이 서로 어긋나지 아니하고 같거나 들어맞음"이다. 한편, '기쁘게 하다'를 뜻하는

일치 Agreement 一致

agreer   Concord   수미일관
                               (首尾一貫)
"to please"

"the situation in which two words have the same grammatical form"
(Cambridge Dictionary)

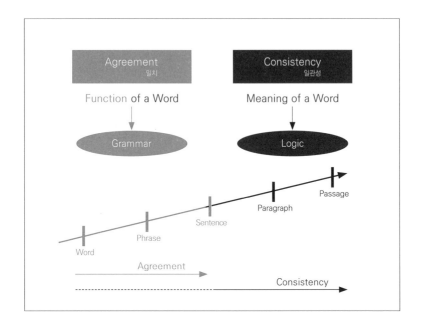

고대 프랑스어 'agreer'에서 유래한 영어 'Agreement'는 "두 개의
단어가 똑같은 문법적 형태를 가지고 있는 상태"를 의미한다. 한편,
'Concord'라는 용어를 사용하여 동일한 개념을 표현하기도 한다.
일치는 명사, 대명사, 동사, 형용사, 부사 등과 같은 특정한 단어 분
류 즉, 품사를 지칭하는 것이 아니라는 점에 특별히 주의해야 한다.
결론적으로, 일치란 한 문장 내에서 사용된 특정 단어가 가지고 있
는 문법적 '기능'과 다른 단어가 가지고 있는 문법적 '기능' 간에 충
돌의 문제가 발생하지 않는 상태이다.

한편, 'Consistency' 즉, 일관성이라는 용어와 비교해 보면, 일
치의 개념을 좀더 정확하고 분명하게 이해할 수 있다. 우선, 일치는

단어의 문법적 '기능'이라는 측면에서, 단어와 구를 조합해서 만든 하나의 영어 문장 차원에서 충돌 문제가 발생하지 않는 상태이다. 다시 말해, 일치는 기능상 '처음부터 끝까지 한결같은' 수미일관首尾 一貫의 상태를 유지하여 문법적으로 완전한 문장을 만드는 것에 기여하는 것이다. 이에 반해, 일관성은 단어의 고유한 '의미'라는 측면에서, (그러한 단어들을 조합해서 만든 구와 문장을 넘어) 하나의 문단 차원에서 그리고 (그러한 문단을 조합해서 만든) 하나의 단락 차원에서 충돌 문제가 발생하지 않는 상태이다. 결론적으로, 일관성은 의미상 수미일관의 상태를 유지하여 논리적으로 완전한 문단과 단락을 만드는 것에 기여하는 것이다.

일치 관련 3가지 질문: '주어 = 동사? / 대명사 = 명사? / 동사 = 부사?'
Subject = Verb? / Pronoun = Noun? / Verb = Adverb?

영어 문장의 일치 여부를 검증하여 문법적으로 완전한 문장을 만들기 위해서는 다음 3가지 질문에 대해 정확하게 답변할 수 있어야 한다. 첫째, '주어와 동사가 일치하는가?' 즉, 문장 전체의 주어와 동사 간에 수의 일치 여부에 관한 질문이다. 예를 들어, "Joe get up really early."라는 문장은 '의미'의 전달이라는 측면에서는 큰 문제가 없다. 다만, 문법적 '기능'의 측면에서는 주어와 동사 간에 심각한 불일치의 문제가 있다. 즉, 3인칭 단수명사 'Joe'가 문장의 주어로 사용된 반면, 서술어로 사용된 동사 'get'은 3인칭 복수의 형태이다.

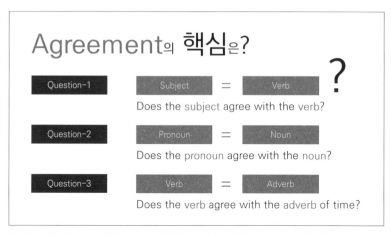

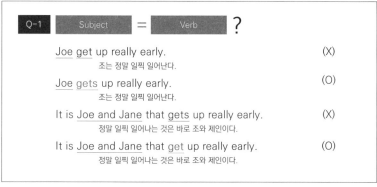

따라서, 동사 'get'을 3인칭 단수 형태인 'gets'로 수정해야만, 문법적으로 완전한 문장이 된다. 한편, "It is Joe and Jane that gets up really early."라는 문장의 경우에는, 동사 'gets'를 3인칭 복수 형태인 'get'으로 수정해야 한다.

둘째, '대명사와 명사가 일치하는가?' 즉, 영어 문장에서 사용된 대명사와 선행 명사 간에 인칭, 수, 격, 성의 일치 여부에 관한

| Q-2 | Pronoun | = | Noun | ? |

Joe gets up really early. She is an early bird.   (X)
조는 정말 일찍 일어난다. 그녀는 아침형 인간이다.

Joe gets up really early. He is an early bird.   (O)
조는 정말 일찍 일어난다. 그는 아침형 인간이다.

Joe likes running. They gives him a pleasure.   (X)
조는 달리기를 좋아한다. 그들은 그에게 기쁨을 준다.

Joe likes running. It gives him a pleasure.   (O)
조는 달리기를 좋아한다. 그것은 그에게 기쁨을 준다.

질문이다. 예를 들어, "Joe gets up really early. She is an early bird."라는 문장은 '의미'의 전달이라는 측면에서는 큰 문제가 없다. 다만, 문법적 '기능'의 측면에서 살펴보면, 대명사와 명사 간에 심각한 불일치의 문제가 있다. 즉, 대명사는 3인칭 단수 주격 여성 형태인 'She'가 사용된 반면, 선행 명사는 3인칭 단수 주격 남성인 'Joe'가 사용되었다. 따라서, 대명사 'She'를 3인칭 단수 주격 남성 형태인 'He'로 수정해야만, 문법적으로 완전한 문장이 된다. 한편, "Joe likes running. They gives him a pleasure."라는 문장의 경우에는, 대명사 'They'를 3인칭 단수 주격 중성 형태인 'It'으로 수정해야지만 문법적으로 완전한 문장이 될 수 있다.

셋째, '동사와 부사가 일치하는가?' 즉, 시간을 표현하는 동사의 형태인 시제와 시간을 표현하는 부사 간의 일치 여부에 관한 질문이다. 예를 들어, "Joe get up really early yesterday."라는 문장은 '의미'의 전달이라는 측면에서는 큰 문제가 없다. 다만, 문법적

| Q-3 | Verb | = | Adverb | ? |

Joe <u>get</u> up really early <u>yesterday</u>.   (X)
조는 어제 정말 일찍 일어난다.

Joe <u>got</u> up really early <u>yesterday</u>.   (O)
조는 어제 정말 일찍 일어났다.

Jane <u>is</u> an early bird <u>in the future</u>.   (X)
제인은 미래에 아침형 인간이다.

Jane <u>will be</u> an early bird <u>in the future</u>.   (O)
제인은 미래에 아침형 인간이 될 것이다.

'기능'의 측면에서 살펴보면, 동사와 시간을 표현하는 부사 간에 심각한 불일치의 문제가 있다. 즉, 동사는 현재시제 형태인 'get'이 사용된 반면, 부사는 과거시제를 표현하는 'yesterday'가 사용되었다. 따라서, 동사 'get'을 과거시제 형태인 'got'으로 수정해야지만 문법적으로 완전한 문장이 될 수 있다. 한편, "Jane is an early bird in the future."라는 문장의 경우, 미래시제를 표현하는 부사 'in the future'와 일치하도록 동사 'is'를 미래시제 형태인 'will be'로 수정해야지만 문법적으로 완전해진다.

Interjection
11장. 갑작스러운 감정의 표현, 감탄사

기능 '감탄' Exclamation

감탄사의 개념

영어 문장의 완성을 위한 다음 공부 대상은 영어 감탄사이다. '느끼다'를 뜻하는 한자어 '感', '탄식하다'를 뜻하는 한자어 '歎', '말씀'을 뜻하는 한자어 '詞'를 한국어로 표기한 '감탄사'의 사전적 의미는 "말하는 이의 본능적인 놀람이나 느낌, 부름, 응답 따위를 나타내

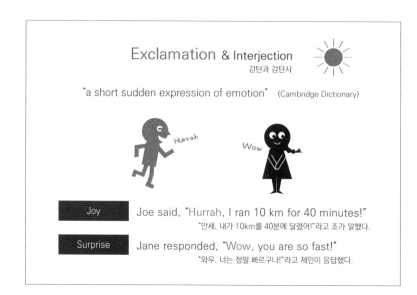

는 말의 부류"이다. 한편, '~사이에'를 뜻하는 라틴어 'inter'와 '던지다'를 뜻하는 라틴어 'jicere'의 합성어인 라틴어 'interjicere'에서 유래한 영어 'Interjection'은 "짧고 갑작스러운 감정의 표현을 보여주기 위해 사용되는 단어 혹은 구"를 의미한다. 결론적으로, 형식적 측면에서 감탄사는 단어와 단어 사이에 던지는 것 즉, 문장의 기본 구조와는 상관없이 이미 문법적으로 완전한 문장 속에 들어가 있는 것이다. 내용적 측면에서 감탄사는 갑작스러운 감정의 표현 즉, 감탄을 전달하는 영어 단어이다.

예를 들어, "I ran 10 km for 40 minutes!"는 이미 문법적으로 완전한 문장이다. 대명사 'I'가 주어로 그리고 1인칭 단수 과거시제 형태인 동사 'ran'이 서술어로 각각 사용된다. 동사 'run'은 그 문

Position of Interjection
감탄사의 위치

At the Beginning

Ahem, may I ask a question?
*으흠, 질문 하나 해도 될까요?

In the Middle

World population is, um, about 8 billion.
세계 인구는, 음, 약 80억명이다.

At the End

The meeting is at 4 PM, correct?
회의는 오후 4시야, 맞지?

법적 기능상 목적어도 보어도 필요 없다. 각각 거리와 시간을 표현하는 부사구인 '10 km'와 'for 40 minutes'는 서술어에 의미를 더하는 수식어이다. "내가 10km를 40분에 달렸다!"라는 사실에 대해 말을 하는 혹은 글을 쓰는 사람인 조의 기쁨이라는 감정을 덧붙이기 위해, 'Hurrah'라는 감탄사를 사용한다. 이에 대해, 제인은 "You are so fast!"라는 이미 문법적으로 완전한 문장으로 응답한다. 즉, 조의 말을 근거로 제인은 "너는 정말 빠르다!"라는 자신의 의견을 제시한다. 그리고 놀라움이라는 감정을 그 의견에 덧붙이기 위해, 'Wow'라는 감탄사를 사용한다.

원칙적으로 영어 감탄사는 한 문장 내에서 자유롭게 위치할 수 있다. 왜냐하면 이미 문법적으로 완전한 한 문장 속에 그 문장의 기본 구조와는 상관없이 별도로 추가되는 것이 감탄사이기 때문이다.

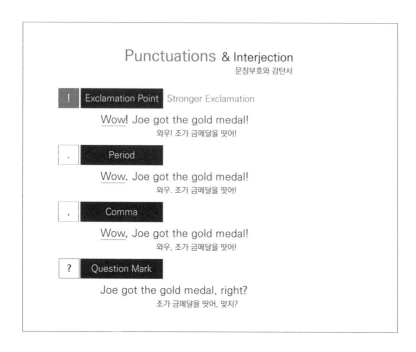

다만, 문장의 맨 앞에 감탄사를 위치시키는 것이 일반적이기는 하다. 예를 들어, 앞의 2가지 예시에서, 감탄사 'Hurrah'와 'Wow'는 각각 문장의 맨 앞에 놓여 있다. 또한, "May I ask a question?"이라는 문법적으로 이미 완전한 문장의 경우에도, '상대방의 주목 끌기'를 위해 사용된 감탄사 'Ahem'이 문장의 맨 앞에 있다. 한편, '잠시 멈추기' 혹은 '공백 메우기'를 위해 사용되는 감탄사 'um'의 경우에는 문장의 중간에 위치하기도 한다. 또한, '상대방의 반응 기대하기' 혹은 '질문 하기'를 위해 사용되는 감탄사 'correct'의 경우 문장의 맨 끝에 위치하기도 한다.

영어 감탄사와 함께 사용되는 영어 문장부호는 원칙적으로 느낌표이다. 감탄을 표현하는 영어 단어가 감탄사이고, 감탄을 표현하는 영어 문장부호가 느낌표이기 때문이다. 예를 들어, "Joe got the gold medal!"이라는 이미 문법적으로 완전한 문장에 마침표 대신 느낌표를 사용함으로써 감탄을 표현할 수 있다. 이에 더해, 감탄사 'Wow'와 함께 느낌표를 추가하여 감탄의 강도를 더욱 높일 수도 있다. 한편, 감탄사 뒤에 마침표 또는 쉼표를 사용할 수도 있다. 물론, 이러한 경우 느낌표를 사용한 경우보다 감탄의 강도는 줄어든다. 만약 감탄의 대상이 되는 문장인 "Joe got the gold medal."에 느낌표 대신 마침표를 사용한다면, 감탄의 강도는 더욱 줄어든다. 한편, '상대방의 반응 기대하기' 혹은 '질문 하기'를 위해 사용되는 감탄사의 경우 물음표를 붙이기도 한다.

감탄사의 기능: '감탄' Exclamation

영어 문장에서 사용되는 감탄사의 가장 중요한 문법적 기능은

감탄의 표현 즉, '감정 전달 기능'이다. 첫째, 'Argh, Dang, Egads, Grr' 등은 분노의 감정을 전달한다. 예를 들어, 감탄사 'Grr'를 사용하면, "너는 너무 이기적이야!"라는 의미를 전달하는 "You are so selfish!"라는 문장에 분노의 감정을 더할 수 있다. 둘째, 'Ho, Hum, Ho-hum, Sigh' 등은 지루함이라는 감정을 표현한다. 예를 들어, 감탄사 'Ho-hum'을 사용하면 "이 영화 너무 지루해!"라는 의미를 전달하는 "This movie is so boring!"이라는 문장에 지루함이라는 감정이 더해진다. 셋째, 'Cheers, Yippee' 등은 축하의 감정을 전달한다. 예를 들어, 감탄사 'Yippee'는 "너 하버드 입학허가서를 받았구나!"라는 의미를 표현하는 "You got the admission to Harvard!"에 축하의 감정을 추가한다.

넷째, 'Nah, Nope, Tsk Tsk, Tut Tut' 등은 반감 혹은 못마땅함이라는 감정을 전달한다. 예를 들어, 감탄사 'Tsk Tsk'을 사용하면, "너 어제 또 (술을) 엄청 마셨더라!"라는 의미를 표현하는 "You drank a lot again yesterday!"라는 문장에 못마땅함이라는 감정을 더할 수 있다. 다섯째, 'Blech, Ew, Yuck, Yuk, Yech, Yecch' 등은 넌더리 혹은 역겨움이라는 감정을 표현한다. 예를 들어, 감탄사 'Yuck'는 "이 수프는 너무 역겨워!"라는 의미를 전달하는 "This soup is so disgusting!"이라는 문장에 역겨움이라는 감정을 추가해준다. 여섯째, 'Alas, Oh no, Oops' 등은 실망 혹은 경악이라는 감정을 전달한다. 예를 들어, 감탄사 'Oops'를 사용하면 "나 물을 또

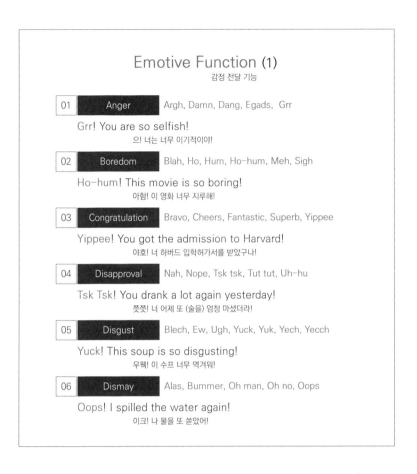

Emotive Function (1)
감정 전달 기능

01	Anger	Argh, Damn, Dang, Egads, Grr

Grr! You are so selfish!
으! 너는 너무 이기적이야!

02	Boredom	Blah, Ho, Hum, Ho-hum, Meh, Sigh

Ho-hum! This movie is so boring!
아함! 이 영화 너무 지루해!

03	Congratulation	Bravo, Cheers, Fantastic, Superb, Yippee

Yippee! You got the admission to Harvard!
야호! 너 하버드 입학허가서를 받았구나!

04	Disapproval	Nah, Nope, Tsk tsk, Tut tut, Uh-hu

Tsk Tsk! You drank a lot again yesterday!
쯧쯧! 너 어제 또 (술을) 엄청 마셨더라!

05	Disgust	Blech, Ew, Ugh, Yuck, Yuk, Yech, Yecch

Yuck! This soup is so disgusting!
우웩! 이 수프 너무 역겨워!

06	Dismay	Alas, Bummer, Oh man, Oh no, Oops

Oops! I spilled the water again!
이크! 나 물을 또 쏟았어!

쏟았어!"라는 의미를 표현하는 "I spilled the water again."이라는 문장에 실망의 감정이 더해진다.

일곱째, 'Boo, Ew, Ugh, Shoot, Whoops' 등은 불쾌함이라는 감정을 전달한다. 예를 들어, 감탄사 'Ugh'를 사용하면 "나 그런 거 안 좋아해!"라는 의미를 전달하는 "I don't like such a thing!" 이라는 문장에 불쾌함이라는 감정을 추가할 수 있다. 여덟째, 'Aah,

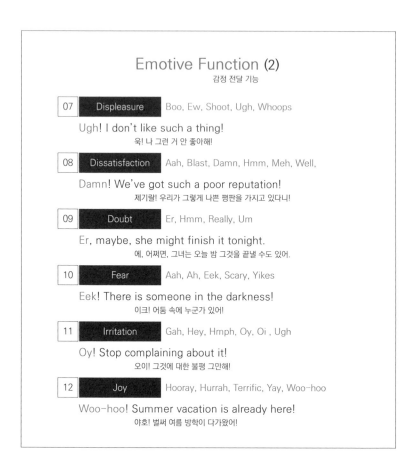

Emotive Function (2)
감정 전달 기능

07	Displeasure	Boo, Ew, Shoot, Ugh, Whoops

Ugh! I don't like such a thing!
욱! 나 그런 거 안 좋아해!

08	Dissatisfaction	Aah, Blast, Damn, Hmm, Meh, Well,

Damn! We've got such a poor reputation!
제기랄! 우리가 그렇게 나쁜 평판을 가지고 있다니!

09	Doubt	Er, Hmm, Really, Um

Er, maybe, she might finish it tonight.
에, 어쩌면, 그녀는 오늘 밤 그것을 끝낼 수도 있어.

10	Fear	Aah, Ah, Eek, Scary, Yikes

Eek! There is someone in the darkness!
이크! 어둠 속에 누군가 있어!

11	Irritation	Gah, Hey, Hmph, Oy, Oi , Ugh

Oy! Stop complaining about it!
오이! 그것에 대한 불평 그만해!

12	Joy	Hooray, Hurrah, Terrific, Yay, Woo-hoo

Woo-hoo! Summer vacation is already here!
야호! 벌써 여름 방학이 다가왔어!

Blast, Damn, Hmm, Meh, Well' 등은 불만이라는 감정을 표현한다. 예를 들어, 감탄사 'Damn'을 사용하면 "우리가 그렇게 나쁜 평판을 가지고 있다니!"라는 의미를 전달하는 "We've got such a poor reputation!"이라는 문장에 불만이라는 감정을 더할 수 있다. 아홉째, 'Er, Um, Really' 등은 의심 혹은 의혹이라는 감정을 전달한다. 예를 들어, 감탄사 'Er'는 "어쩌면, 그녀는 오늘 밤 그것을 끝낼 수도 있어."라는 의미를 표현하는 "Maybe, she might finish it tonight."에 의심이라는 감정을 추가해 준다.

열째, 'Ah, Eek, Yikes' 등은 두려움 혹은 무서움이라는 감정을 전달한다. 예를 들어, 감탄사 'Eek'를 사용하면, "어둠 속에 누군가 있어!"라는 의미를 전달하는 "There is someone in the darkness!"라는 문장에 두려움이라는 감정을 더할 수 있다. 열한째, 'Gah, Hey, Hmph, Oy, Oi, Ugh' 등은 짜증 혹은 거슬림이라는 감정을 표현한다. 예를 들어, 감탄사 'Oy'는 "그것에 대한 불평 그만해!"라는 의미를 전달하는 "Stop complaining about it!"이라는 문장에 짜증 혹은 거슬림이라는 감정을 추가해 준다. 열두째, 'Hooray, Hurrah, Yay, Woo-hoo' 등은 기쁨 혹은 환희라는 감정을 전달한다. 예를 들어, 감탄사 'Woo-hoo'를 사용하면 "여름 방학이 벌써 다가왔어!"라는 의미를 표현하는 "Summer vacation is already here!"에 기쁨이라는 감정을 더해 줄 수 있다.

열셋째, 'Ahh, Argh, Jeez, Ouch, Ow, Yow' 등은 아픔 혹은 고통이라는 감정을 전달한다. 예를 들어, 감탄사 'Ouch'을 사용하면, "아파!"라는 의미를 표현하는 "That hurt!"라는 문장에 아픔 혹은 고통이라는 감정을 더할 수 있다. 열넷째, 'Aargh, Oh no, Uh-ho' 등은 극심한 공포 혹은 허둥지둥함이라는 감정을 표현한다. 예를 들어, 감탄사 'Uh-ho'를 사용하면 "나 그 장면을 보고서, 극심한 공포에 빠졌어!"라는 의미를 전달하는 "I got panicked seeing

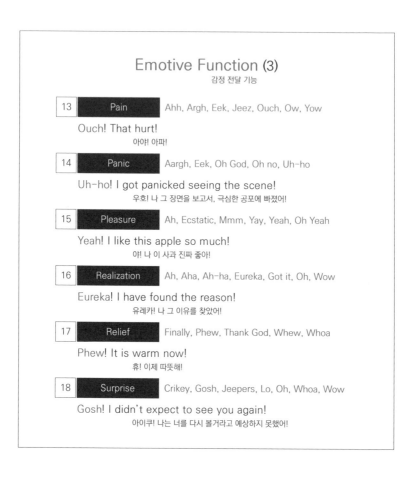

Emotive Function (3)
감정 전달 기능

| 13 | Pain | Ahh, Argh, Eek, Jeez, Ouch, Ow, Yow |

Ouch! That hurt!
아야! 아파!

| 14 | Panic | Aargh, Eek, Oh God, Oh no, Uh-ho |

Uh-ho! I got panicked seeing the scene!
우호! 나 그 장면을 보고서, 극심한 공포에 빠졌어!

| 15 | Pleasure | Ah, Ecstatic, Mmm, Yay, Yeah, Oh Yeah |

Yeah! I like this apple so much!
야! 나 이 사과 진짜 좋아!

| 16 | Realization | Ah, Aha, Ah-ha, Eureka, Got it, Oh, Wow |

Eureka! I have found the reason!
유레카! 나 그 이유를 찾았어!

| 17 | Relief | Finally, Phew, Thank God, Whew, Whoa |

Phew! It is warm now!
휴! 이제 따뜻해!

| 18 | Surprise | Crikey, Gosh, Jeepers, Lo, Oh, Whoa, Wow |

Gosh! I didn't expect to see you again!
아이쿠! 나는 너를 다시 볼거라고 예상하지 못했어!

the scene!"이라는 문장에 극심한 공포 혹은 허둥지둥함이라는 감정을 추가해 준다. 열다섯째, 'Mmm, Yay, Yeah, Oh Yeah' 등은 즐거움 혹은 쾌락의 감정을 전달한다. 예를 들어, 감탄사 'Yeah'는 "나 이 사과 진짜 좋아!"라는 의미를 표현하는 "I like this apple so much!"라는 문장에 즐거움의 감정을 더한다.

열여섯째, 'Ah, Aha, Eureka, Wow' 등은 깨달음 혹은 자각

이라는 감정을 전달한다. 예를 들어, 감탄사 'Eureka'는 "나 그 이유를 찾았어!"라는 의미를 전달하는 "I have found the reason!"이라는 문장에 깨달음 혹은 자각이라는 감정을 더해 준다. 열일곱째, 'Phew, Whew, Whoa' 등은 안도 혹은 안심이라는 감정을 표현한다. 예를 들어, 감탄사 'Phew'를 사용하면 "이제 따뜻해!"라는 의미를 표현하는 "It is warm now!"라는 문장에 안도 혹은 안심이라는 감정을 추가할 수 있다. 열여덟째, 'Crikey, Gosh, Jeepers, Lo, Oh, Wow' 등은 기습 혹은 놀라움이라는 감정을 전달한다. 예를 들어, 감탄사 'Gosh'를 사용하면 "나는 너를 다시 볼거라고 예상하지 못했어!"라는 의미를 표현하는 "I didn't expect to see you again!"에 놀라움이라는 감정을 더할 수 있다.

한편, 영어 감탄사는 '감정 전달 이외 기능'도 가지고 있다. 첫째, 'Bye, Hello, Hey, Hi, Hola, Howdy' 등은 인사하기 기능을 수행한다. 예를 들어, "Hey, come and look at this!"라는 문장의 경우, 감탄사 'Hey'는 "와서 이것 좀 봐!"라는 의미를 전달하기에 앞서 인사하기의 역할을 한다. 둘째, 'Ahem, Excuse me, Hello, Hey, Psst' 등은 주목 끌기 기능을 수행한다. 예를 들어, "Ahem, may I ask a question?"의 경우, 감탄사 'Ahem'은 "질문 하나 해도 될까요?"라고 말하기에 앞서 상대방의 주목을 끄는 역할을 한다. 셋째, 'Indeed, No, Now, Okay, So, Well, Yes' 등은 문장 소개하기 기능을 수행한다. 예를 들어, "Indeed, this book is so useful."이라

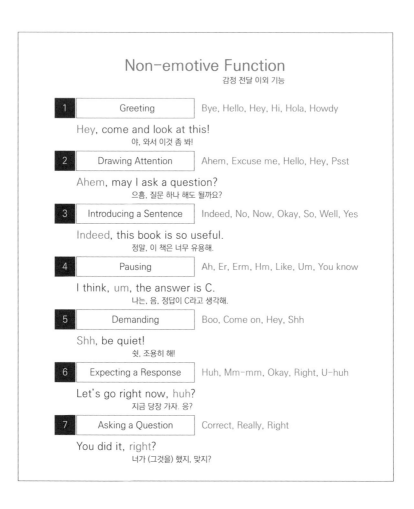

Non-emotive Function
감정 전달 이외 기능

1 | Greeting | Bye, Hello, Hey, Hi, Hola, Howdy

Hey, come and look at this!
야, 와서 이것 좀 봐!

2 | Drawing Attention | Ahem, Excuse me, Hello, Hey, Psst

Ahem, may I ask a question?
으흠, 질문 하나 해도 될까요?

3 | Introducing a Sentence | Indeed, No, Now, Okay, So, Well, Yes

Indeed, this book is so useful.
정말, 이 책은 너무 유용해.

4 | Pausing | Ah, Er, Erm, Hm, Like, Um, You know

I think, um, the answer is C.
나는, 음, 정답이 C라고 생각해.

5 | Demanding | Boo, Come on, Hey, Shh

Shh, be quiet!
쉿, 조용히 해!

6 | Expecting a Response | Huh, Mm-mm, Okay, Right, U-huh

Let's go right now, huh?
지금 당장 가자. 응?

7 | Asking a Question | Correct, Really, Right

You did it, right?
너가 (그것을) 했지, 맞지?

는 문장의 경우, 감탄사 'Indeed'는 "이 책은 너무 유용해."라는 말에 앞서 이 문장을 소개하는 역할을 한다.

넷째, 'Ah, Er, Erm, Hm, Like, Um, You know' 등은 멈추기 기능을 수행한다. 예를 들어, "I think, um, the answer is C."의 경우, 감탄사 'Um'은 "나는 정답이 C라고 생각해."라고 말하는 중에

잠시 멈추는 역할을 한다. 다섯째, 'Boo, Comme on, Hey, Shh' 등은 요구하기 기능을 수행한다. 예를 들어, "Shh, be quiet!"의 경우, 감탄사 'Shh'는 "조용히 해"라는 말을 요구하는 역할을 한다. 여섯째, 'Huh, Mm-mm, Okay, Right, U-huh' 등은 반응 기대하기 기능을 수행한다. 예를 들어, "Let's go right now, huh?"에서 감탄사 'Huh'는 "지금 당장 가자!"라는 말에 대한 반응을 기대하는 역할을 한다. 일곱째, 'Correct, Really, Right' 등은 질문하기 기능을 수행한다. 예를 들어, "You did it, right?"의 경우, 감탄사 'Right'은 '너가 했지?'라고 질문하는 역할을 한다.

외국어인 영어로
의사소통을 해야 하는
대부분의 평범한 한국 사람들의 경우
문장 차원의 의사소통을 위해
반드시 영어 문법을 공부해야 한다.

Conjunction

12장. 단어·구·절의 연결, 접속사

접속사의 개념

영어 문장의 완성을 위한 마지막 공부 대상은 영어 접속사이다. '글방 학생들 혹은 등짐장수들의 동아리'를 뜻하는 한자어 '接', '뒤를 잇다'를 뜻하는 한자어 '續', '말씀'을 뜻하는 한자어 '詞'를 한국어로 표기한 '접속사'의 사전적 의미는 "앞의 체언이나 문장의 뜻

접속사 接續詞
Conjunction
conjungere   "to conjoin, to join things together"

"a word such as 'and', 'but', 'while' or 'although'
that connects words, phrases or clauses in a sentence"
(Cambridge Dictionary)

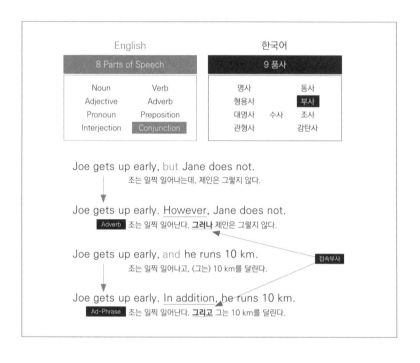

을 뒤의 체언이나 문장에 이어 주면서 뒤의 말을 꾸며 주는 부사"이다. 엄밀하게 말하면, 한국어에는 '접속부사'만 있을 뿐이고, '접속사' 자체는 아예 존재하지도 않는다. 즉, 명사, 동사, 형용사, 부사, 대명사, 수사, 조사, 관형사, 감탄사로 이루어진 한국어 9 품사에 접속사는 포함되지 않는다. 예를 들어, "조는 일찍 일어난다. 그러나 제인은 그렇지 않다."라는 문장의 경우, '그러나'가 바로 접속부사이다. 또한, "조는 일찍 일어난다. 그리고 그는 10 km를 달린다."라는 문장에서, '그리고'가 접속부사이다.

이에 반해, '연결하다'를 뜻하는 라틴어 'conjungere'에서 유

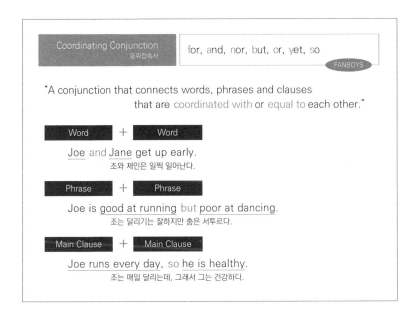

래한 영어 'Conjunction'은 "한 문장 내에서 단어와 단어, 구와 구혹은 절과 절을 연결하는 단어"를 의미한다. 예를 들어, "Joe gets up early, but Jane does not."이라는 문장의 경우 'but'이 접속사이다. 즉, 한 문장 내에서 'Joe gets up early'라는 절과 'Jane does not (get up early)'라는 절을 연결해 주는 단어가 접속사 'but'이다. 또한, "Joe gets up early, and he runs 10 km."라는 문장에서는 'and'가 접속사이다. 즉, 한 문장 내에서 'Joe gets up early'라는 절과 'He runs 10 km.'라는 절을 연결해 주는 단어가 접속사 'and'이다. 한편, 접속사 'but'과 'and' 대신 부사(구) 'However'와 'In addition'을 사용하여 비슷한 의미를 전달할 수도 있다. 다만, 이러

"A conjunction that connects a subordinate (=dependent) clause
with a main (=independent) clause."

after, although, as, because, before, how, if, that, since, than,
though, till, unless, until, when, whenever, where, wherever, while

Main Clause $+$ Subordinate Clause

Joe is healthy, because he runs every day.
(왜냐하면 그는) 매일 달리기 때문에, 조는 건강하다.
I know that Joe is an early bird.
조가 아침형 인간이라는 것을 나는 안다.

Subordinating Conjunction Phrase
종속접속사구

as if, as long as, as much as, as soon as, as though, even though,
inasmuch as, in order that, now that, provided that, so that

Main Clause $+$ Subordinate Clause

Joe will be healthy, as long as he runs every day.
매일 (그가) 달리는 한, 조는 건강할 것이다.
Joe gets up early so that he can run before breakfast.
(그가) 아침 식사 전에 달리기를 할 수 있기 위해, 조는 일찍 일어난다.

한 경우 각 절이 별도의 문장으로 변한다.

영어 접속사는 크게 3가지 유형으로 분류된다. 첫째, 'for, and, nor, but, or, yet, so'와 같이 서로 동등한 지위를 가진 단어와 단어, 구와 구 혹은 절과 절을 연결하는 등위접속사가 있다. 기억하기 쉽게 7개 등위접속사의 첫 알파벳을 따서 흔히 'FANBOYS'라고 표현하기도 한다. 예를 들어, "Joe and Jane get up early."라는 문장의 경우, 접속사 'and'가 'Joe'라는 단어와 'Jane'이라는 단어를 동등하게 연결해 준다. 이에 더해, "Joe is good at running but poor at dancing."이라는 문장의 경우에는 접속사 'but'이 'good at running'이라는 구와 'poor at dancing'이라는 구를 동등하게 연결해 준다. 또한, "Joe runs every day, so he is healthy."라는 문장의 경우, 접속사 'so'가 'Joe runs every day'라는 절과 'He is healthy'라는 절을 동등하게 연결해 준다.

둘째, 영어 문장 전체의 주절에 종속절을 연결해 주는 종속접속사가 있다. 예를 들어, "Joe is healthy, because he runs every day."라는 문장의 경우, 접속사 'because'가 종속절 'He runs every day'를 주절 "Joe is healthy'에 연결해 준다. 다만, 앞서 등위접속사의 경우와 달리, 연결된 두 절의 관계는 전혀 동등하지 않다. 또한, "I know that Joe is an early bird."라는 문장의 경우, 접속사 'that'이 종속절 'He is an early bird'를 주절 'I know (that)'에 연결해 준다. 한편, 'as, that, though' 등은 다른 단어들과 함께 종속접속사의 역할을 하는 구로 사용된다. 예를 들어, "Joe is healthy, as long as he runs every day."의 경우, '~하는 한'을 의미하는 종속접속사구 'as long as'가 종속절 'He runs every day'를 주절 'Joe is healthy'에 동등하지 않게 연결한다.

셋째, 연결된 단어와 단어, 구와 구 혹은 절과 절 간의 상관관계를 보여주는 상관접속사가 있다. 예를 들어, "Both Joe and Jane get up early."라는 문장의 경우, 접속사 'both ... and ...'가 단어

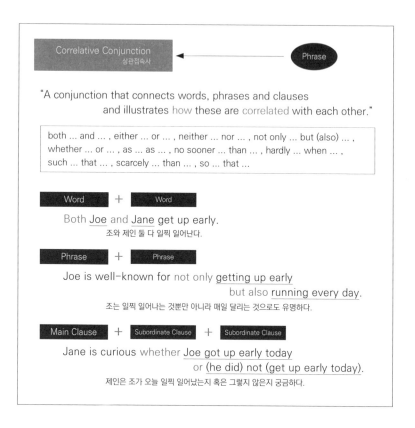

'Joe'와 'Jane'을 연결하고, '둘 다'라는 의미의 상관관계를 드러낸다. 또한, "Joe is well-known for not only getting up early but also running every day."의 경우, 'not only … but also …'가 구 'getting up early'와 'running every day'를 연결하고, '일찍 일어난 것뿐만 아니라 매일 달리는 것도'라는 상관관계를 드러낸다. "Jane is curious whether Joe got up early today or not."의 경우, 'whether … or …'가 절 'Joe got up early today'와 '(he did) not (get up early today)'를 연결하고, '일찍 일어났는지 혹은 그렇지 않은지'라는 상관관계를 드러낸다.

접속사의 기능: '연결' Connection

영어 접속사의 문법적 '기능'은 하나의 영어 문장 내에서 단어와 단어, 구와 구 혹은 절과 절을 연결하는 것이다. 특히, 연결되는 대상 간에 형식적 측면의 균형성을 정확하게 유지하는 것 즉, 한 문장 내의 병렬구조 혹은 병렬구성을 유지하는 것이 접속사의 핵심이다. 예를 들어, "Joe and the girl whose name is Jane get up early."라는 문장의 경우, 접속사 'and'가 'Joe'라는 단어와 'the girl whose name is Jane'이라는 구를 연결하고 있다. 즉, 연결된 두 대상 간에 병렬구조가 무너져 있다. 따라서, 연결 대상을 모두 구로 전환해서, "The boy whose name is Joe and the girl whose name

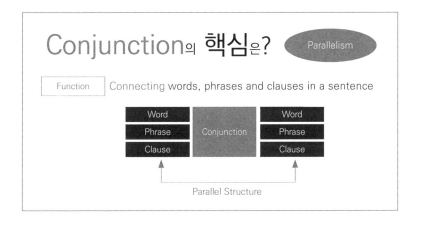

Parallel Structure
병렬구조

Joe and the girl whose name is Jane get up early.   (X)
조와 이름이 제인인 그 소녀는 일찍 일어난다.

Joe and Jane get up early.   (O)
조와 제인은 일찍 일어난다.

The boy whose name is Joe and
    the girl whose name is Jane get up early.   (O)
이름이 조인 그 소년과 이름이 제인인 그 소녀는 일찍 일어난다.

Joe likes to run but hates dancing.   (X)
조는 달리기를 좋아하지만, 춤추는 것은 싫어한다.

Joe likes to run but hates to dance.   (O)
조는 달리기를 좋아하지만, 춤추는 것은 싫어한다.

Joe likes running but hates dancing.   (O)
조는 달리기를 좋아하지만, 춤추는 것은 싫어한다.

I am not sure whether I should run or to walk.   (X)
(내가) 달려야 할지 혹은 걸어야 할지를 나는 잘 모르겠다.

I am not sure whether I should run or (I should) walk.   (O)
(내가) 달려야 할지 혹은 (내가) 걸어야 할지를 나는 잘 모르겠다.

I am not sure whether to run or to walk.   (O)
달려야 할지 혹은 걸어야 할지를 나는 잘 모르겠다.

is Jane get up early."라고 수정할 수 있다. 물론, 영어 문장의 간결
성이라는 측면에서 평가하자면, "Joe and Jane get up early."라고
표현하는 것이 훨씬 더 바람직하다.

또한, "Joe likes to run but hates dancing."이라는 문장의
경우, 접속사 'but'이 'likes to run'이라는 구와 'hates dancing'이
라는 구를 동등하게 연결하고 있다. 동사 'Like'와 'Hate'는 각각 '좋

아한다'와 '싫어한다'라는 정반대의 뜻을 전달하는 반대말이기 때문에, 각 단어의 고유한 의미라는 측면에서 접속사 'but'으로 연결된 것이 매우 자연스럽다. 이에 더해, 문장 구조의 측면에서 살펴보면, 둘 다 '동사 + 목적어'라는 동일한 동사구이다. 그러나 전자는 부정사 'to run'을 그리고 후자는 동명사 'dancing'을 각각 목적어로 취하고 있는 점이 다르다. 즉, 연결된 두 대상 간에 병렬구조가 무너져 있다. 따라서, 형식적 균형성을 지켜서, "Joe likes to run but hates to dance." 혹은 "Joe likes running but hates dancing."이라고 수정하는 것이 바람직하다.

마찬가지로, "I am not sure whether I should run or to walk."라는 문장의 경우, 접속사 'whether … or …'가 'I should run'이라는 절과 'to walk'라는 구를 연결하고 있다. 즉, 연결된 두 대상 간에 병렬구조가 무너져 있다. 따라서, 형식적 균형성을 지키기 위해, "I am not sure whether I should run or I should walk."라고 수정하는 것이 바람직하다. 물론, 문장의 간결성을 위해, 반복되는 'I should'를 생략하고, "I am not sure whether I should run or walk."라고 수정하는 것이 더 바람직하다. 다만, 'I should'가 뒤에 생략된 것일 뿐, 'I should run'과 'walk' 간에 병렬구조가 무너진 것이 아니라는 점에 유의해야 한다. 물론, 절 대신 To 부정사를 활용한 구의 형식으로 변경하여, "I am not sure whether to run or to walk."라고 수정할 수도 있다.

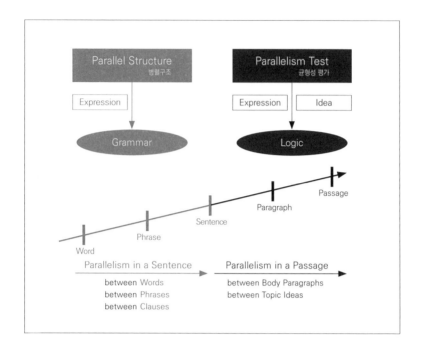

　　한편, '단락 차원의 균형성'과 비교해 보면, '문장 차원의 균형성'이라는 개념을 좀더 명확하게 이해할 수 있다. 우선, 문장 차원의 균형성 즉, 병렬구조는 하나의 영어 문장 내에서 접속사에 의해 연결되는 단어와 단어, 구와 구 혹은 절과 절 간에 구체적 '표현'이라는 형식적 측면의 균형이 지켜졌는지를 검증하는 것이다. 결국, 문장 차원의 균형성은 문법적으로 완전한 문장을 만드는데 기여한다. 이에 반해, 영어 단락 차원의 균형성은 자신의 논지를 뒷받침하는 소주제들 간에 구체적 '표현'은 물론 추상적 '생각'의 측면에서도 균형이 지켜졌는지를 검증하는 것이다. 이러한 검증을 흔히 균형성 평가라고 한다. 결국, 단락 차원의 균형성은 논리적으로 완전한 단락을 만드는데 기여한다. 물론, 본론의 각 문단에 담겨져 있는 소주제는 충분한 근거로 뒷받침되어야 한다.

듣기와 말하기를 넘어
읽기와 글쓰기까지
완벽하게 하려면,
영어 문장부호에 대한
학습도 필요하다.

Punctuation
영어 문장부호

제1부에서 설명한 명사, 동사, 형용사, 부사에 대한 이해를 기반으로 영어 문장의 기초를 다지고, 제2부에서 설명한 대명사, 전치사, 동사변형, 조동사에 대한 이해를 기반으로 영어 문장을 심화시키며, 제3부에서 설명한 관사, 일치, 감탄사, 접속사에 대한 이해를 기반으로 영어 문장을 완성할 수 있다. 이로써 '단어의 기능을 중심

문장부호
Punctuation

punctus   "point"

"special marks that are placed in a text to show the divisions
between phrases and sentences, or the use of these marks"
(Cambridge Dictionary)

으로 영어 문장 만들기'라는 이 책의 목적은 완성되었다. 다만, 듣기와 말하기를 넘어 읽기와 글쓰기까지 완벽하게 하려면, 영어 문장부호에 대한 학습도 필요하다. 점을 뜻하는 라틴어 *punctus*'에서 유래한 영어 'Punctuation'은 "글에서 구와 문장의 구분을 보여주는 특별한 표시 혹은 그러한 표시의 사용"을 의미한다. 즉, 문장의 구조와 글쓴이의 의도를 보다 쉽게 전달하기 위해 사용되는 다음과 같은 여러 가지 기호가 문장부호이다.

첫째, 하나의 영어 문장을 시작할 때 사용하는 'Capital Letter' 즉, 대문자가 있다. 예를 들어, "He gets up early."의 경우, 소문자로 시작하는 'he'가 아니라 대문자로 시작하는 'He'가 사용된다. 또한, 모든 고유명사는 문장 내의 위치에 상관없이 항상 대문자로 시작한다. 예를 들어, "I saw Joe running around the park."라는 문장의 경우, 사람의 이름을 지칭하는 고유명사 'Joe'는 소문자 'j'가 아닌 대문자 'J'로 시작한다. 이에 더해, 문장이 아닌 구로 표현할 때, 첫 번째 단어와 중요한 의미를 전달하는 단어는 대문자로 시작한다. 예를 들어, 'To Begin a Sentence', 'To Begin a Proper Noun', 'The Usage of Punctuation Marks' 등과 같이 표현한다. 한편, 대문자를 'Uppercase Letter'라고도 부른다. 소문자는 'Small Letter' 혹은 'Lowercase Letter'라고 부른다.

둘째, 하나의 영어 문장을 끝낼 때 원칙적으로 사용되는 'Period' 즉, 마침표가 있다. 특히, 평서문과 명령문의 경우 마침표

	Capital Letter	대문자

① **To Begin a Sentence** 문장 시작하기
He gets up early.
그는 일찍 일어난다.

② **To Begin a Proper Noun** 고유명사 시작하기
I saw Joe running around the park.
나는 공원 둘레를 달리는 조를 봤다.

.	Period	마침표

① **To End a Sentence** 문장 끝내기
Joe gets up really early.
조는 정말 일찍 일어난다.

② **To Abbreviate** 줄여쓰기
Doctor → Dr.   et cetera → etc.
의사, 박사   (기타) 등등

?	Question Mark	물음표

① **To Ask a Question** 질문하기
Does Joe get up early?
조는 일찍 일어나니?

!	Exclamation Point	느낌표

① **To Exclaim** 감탄하기
Wow! Joe is so fast!
와우! 조는 정말 빠르다!

로 끝낸다. 예를 들어, "Joe gets up really early."라는 문장의 끝에 마침표가 있다. 한편, 영국에서는 마침표를 'Full Stop'이라고 부른다. 또한, 영어 단어의 글자 수를 줄여서 표현하는 축약형의 경우에도 마침표를 사용한다. 예를 들어, '의사 혹은 박사'를 뜻하는 명사 'Doctor'를 축약해서 'Dr.'라고 쓰고, '닥터'라고 발음한다. 또

한, '(기타) 등등'을 뜻하는 라틴어에서 유래한 'et cetera'를 축약해서 'etc.'라고 쓰고, '엣 쎄트라'라고 발음한다. 특히, 이것을 '이티씨'라고 발음하지 않도록 주의해야 한다. 한편, 'United States of America'의 축약형인 'USA'와 같이, 이미 하나의 고유명사처럼 사용되고 있는 경우 일반적으로 마침표를 생략한다.

셋째, 의문문의 끝을 표시하는 'Question Mark' 즉, 물음표가 있다. 예를 들어, "Does Joe get up early?"라는 문장의 끝에 물음표가 있다. 넷째, 감탄문의 끝을 표시하는 'Exclamation Point' 즉, 느낌표가 있다. 예를 들어, "Wow! Joe is so fast!"라는 문장의 경우, 감탄사 'Wow' 뒤에 그리고 문장의 끝에 느낌표가 각각 사용되었다. 물론, "Wow. Joe is so fast!" 혹은 "Wow, Joe is so fast!"와 같이, 감탄사 'Wow' 뒤에 마침표 혹은 쉼표를 사용할 수도 있다. 다만, 마침표와 쉼표의 경우 느낌표를 사용할 때보다 감탄의 강도는 훨씬 더 줄어든다. 심지어, "Joe is so fast."와 같이 감탄할 수도 있는 내용을 마침표로 끝낼 수도 있다. 다만, 이러한 문장은 더 이상 감탄문이 아니고, 그저 평서문에 불과하다. 한편, 영국에서는 감탄사를 'Exclamation Mark'라고 부른다.

다섯째, 하나의 영어 문장 내에서 단어와 단어 혹은 구와 구를 분리해 주는 'Comma' 즉, 쉼표가 있다. 예를 들어, "Joe is diligent, healthy, and happy."라는 문장의 경우, 'diligent'와 'healthy'와 'happy'라는 3개 단어가 쉼표로 분리되어 있다. 다만,

,

Comma 쉼표

① **To Separate Words or Phrases** 단어 혹은 구 분리하기
Joe is diligent, healthy, and happy.
조는 부지런하고, 건강하며, 행복하다.

② **To Pause** 잠시 멈추기
Joe is, in fact, an early bird.
조는, 사실, 아침형 인간이다.

③ **To Separate Clauses with Different Subjects** 주어가 다른 절 분리하기
Joe is fast, but Jane is not.
조는 빠르지만, 제인은 그렇지 않다.

④ **To Begin a Non-defining Relative Clause** 비한정적 관계절 시작하기
Joe is a student, who gets up early.
조는 학생이고, 그는 일찍 일어난다.

⑤ **To Begin a Direct Speech** 직접 화법 시작하기
Joe said, "Running is good for health."
"달리기는 건강에 좋다."라고 조는 말했다.

⑥ **To End a Direct Speech** 직접 화법 끝내기
"Running is good for health," Joe said.
"달리기는 건강에 좋다."라고 조는 말했다.

'and' 앞의 쉼표는 흔히 생략하기도 한다. 이에 더해, 쉼표는 "Joe is, in fact, an early bird."와 같이 잠시 멈추기를 표시하거나, "Joe is so fast, but Jane is not."과 같이 주어가 서로 다른 절을 분리하기도 한다. 특히, 쉼표는 비한정적 관계절의 시작을 표시하기도 한다. 예를 들어, "Joe is a student, who gets up early."의 경우, '쉼표 + 관계대명사'가 'and he' 즉, '접속사 + 대명사'의 의미를 전달한다. 또한, 쉼표는 하나의 영어 문장 내에서 직접 화법 혹은 인용의 시작과 끝을 표시하기도 한다.

:	Colon	콜론 (쌍점)

① **To Suggest a Specific List** 구체적 목록 제시하기
  Joe likes primary colors: red, yellow and blue.
  조는 빨간색, 노란색 그리고 파란색 같은 원색을 좋아한다.

② **To Suggest a Subtitle or Subdivision** 부제목 혹은 세부 부분 제시하기
  Joe wrote a book *A Way to Happiness*: *Running*.
  조는 「행복으로 가는길: 달리기」라는 책을 썼다.

;	Semi-colon	세미콜론

① **To Separate Two Main Clauses** 2개의 주절 분리하기
  Joe likes to run; Jane likes to dance.
  조는 달리기를 좋아하고(하지만), 제인은 춤추기를 좋아한다.

여섯째, 무엇에 관한 구체적인 목록을 제시할 때 사용되는 'Colon' 즉, 콜론이 있다. 예를 들어, "Joe likes primary colors: red, yellow and blue."의 경우, 명사구 'primary colors' 뒤에 콜론과 구체적 목록 'red, yellow and blue'가 제시된다. 즉, 콜론 바로 앞에 명사(구)가 오고, 콜론 뒤에 그 명사(구)의 구체적인 내용이 온다. 또한, 콜론은 부제목을 제시하기도 한다. 예를 들어, "Joe wrote a book *A Way to Happiness: Running*."이라는 문장의 경우, 책의 제목인 'A Way to Happiness' 바로 뒤에 콜론과 함께 부제목 'Running'이 온다. 한편, 책의 제목은 이탤릭체 혹은 밑줄로 표현한다. 일곱째, 2개의 주절을 분리하는 'Semi-colon' 즉, 세미콜론이 있다. 예를 들어, "Joe likes to run; Jane likes to dance."의 경우, 세미콜론이 '쉼표 + 접속사'를 의미한다.

여덟째, 직접 화법 즉, 누군가의 발언을 직접 인용할 때 사용하는 'Double Quotation' 즉, 큰따옴표가 있다. 예를 들어, "Joe said, "Running is good for health.""라는 문장의 경우, 큰따옴표에 들어가 있는 "Running is good for health."가 바로 조가 직접 발언한 내용이다. 또한, 큰따옴표는 논문, 기사 등과 같은 어떤 글의 제목을 표시할 때도 사용된다. 예를 들어, "In an article "A Way to Happiness", Joe praised running."이라는 문장의 경우, 큰따옴표 안에 들어가 있는 "A Way to Happiness"가 바로 논문의 제목이다. 한편, 위 본문과 같이 예시 문장을 한번 더 인용해서 큰따옴표가 이중으로 사용된 경우에는 내부의 큰따옴표를 작은따옴표로 대체하

" " **Double Quotation**　　　　　큰따옴표

① **To Quote a Direct Speech** 직접 화법 인용하기
　　Joe said, "Running is good for health."
　　"달리기는 건강에 좋다."라고 조는 말했다.

② **To Mark the Title of an Article** 글의 제목 표시하기
　　In an article "A Way to Happiness", Joe praised running.
　　"행복으로 가는길"이라는 글에서, 조는 달리기를 예찬했다.

' ' **Single Quotation**　　　　　작은따옴표

① **To Draw an Attention to a Word** 특정 단어에 주목 끌기
　　Joe wants to run 'now'.
　　조는 (바로) 지금 달리기를 원한다.

② **To Question the Meaning of a Word** 특정 단어의 의미에 의문 제기하기
　　Joe gets up 'early'.
　　조는 일찍 (그게 진짜 일찍이야?) 일어난다.

기도 한다. 즉, "In an article 'A Way to Happiness', Joe praised running."이라고 쓰기도 한다.

아홉째, 특정 단어에 상대방의 주목을 끄는 'Single Quotation' 즉, 작은따옴표가 있다. 예를 들어, "Joe wants to run 'now'."라는 문장의 경우, 부사 'now'에 작은따옴표가 붙어 있다. 즉, '이전에'도 아니고 '이후에'도 아닌, 바로 '지금'에 상대방의 주목을 끌어들이는 것이다. 또한, 작은따옴표는 특정 단어의 일반적 의미에 의문을 제기할 때도 사용된다. 예를 들어, "Joe gets up 'early'."라는 문장의 경우, 부사 'early'에 작은따옴표가 붙어 있다. 작은따옴표 때문에 '일찍'이라는 단어의 뜻에 동의하거나 공감할 수 없다는 의문을 제기하는 즉, 조가 일어난 시간이 '이른 시간'이 아닌 것 같다는 반론과 반감의 뉘앙스가 새롭게 생겼다. 결론적으로, 직접 인용을 표현하는 큰따옴표와 달리, 작은따옴표는 강조 혹은 의문이라는 미묘한 의미의 차이를 더해 준다.

열째, 쉼표 혹은 세미콜론과 같이 분리할 때 사용되는 'Dash' 즉, 대시가 있다. 예를 들어, "Joe—who gets up early—is a good student."라는 문장의 경우, 2개의 절이 (상대적으로) 긴 가로 줄에 의해 분리되어 있다. 물론, 쉼표를 활용하여, "Joe, who gets up early, is a good student."라고 표현할 수도 있다. 또한, 대시는 범위를 표시할 때도 사용된다. 예를 들어, "Joe attended the school from 2020—2022."라는 문장의 경우, 'to'의 의미로 사용된 대시

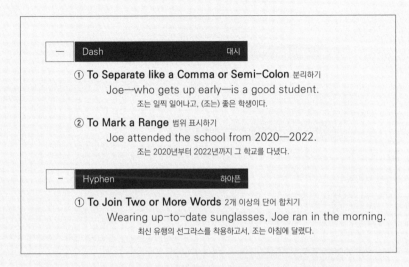

| — | Dash | 대시 |

① To Separate like a Comma or Semi-Colon 분리하기
Joe—who gets up early—is a good student.
조는 일찍 일어나고, (조는) 좋은 학생이다.

② To Mark a Range 범위 표시하기
Joe attended the school from 2020—2022.
조는 2020년부터 2022년까지 그 학교를 다녔다.

| — | Hyphen | 하이픈 |

① To Join Two or More Words 2개 이상의 단어 합치기
Wearing up-to-date sunglasses, Joe ran in the morning.
최신 유행의 선그라스를 착용하고서, 조는 아침에 달렸다.

가 앞의 전치사 'from'과 함께 기간의 범위를 표현한다. 열한째, 2개 이상의 단어를 1개의 단어로 합칠 때 사용되는 'Hyphen' 즉, 하이픈이 있다. 예를 들어, "Wearing up-to-date sunglasses, Joe ran in the morning."이라는 문장의 경우, 3개의 단어가 합쳐진 형용사 'up-to-date'이 사용된다.

열두째, 추가 정보를 제공할 때 사용되는 'Parentheses' 즉, 소괄호가 있다. 예를 들어, "Joe (who gets up early) is a good student."의 경우, 'Joe'에 대한 추가 정보가 소괄호 안에 있다. 한편, 영국에서는 소괄호를 'Brackets'라고 부른다. 열세째, 명확하게 밝히거나 설명할 때 사용되는 'Brackets' 즉, 대괄호가 있다. 예를 들어, "He [Joe, Jane's boyfriend] gets up early."의 경우, 'He'를 명확하게 설명하는 내용이 대괄호 안에 있다. 이에 더해, 대괄호

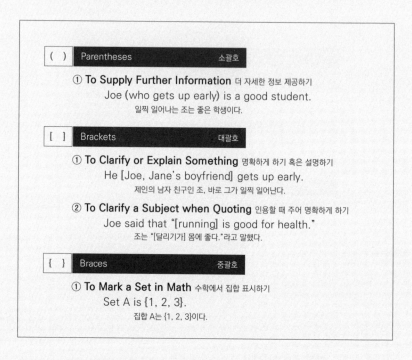

① **To Supply Further Information** 더 자세한 정보 제공하기
Joe (who gets up early) is a good student.
일찍 일어나는 조는 좋은 학생이다.

[ ] Brackets   대괄호

① **To Clarify or Explain Something** 명확하게 하기 혹은 설명하기
He [Joe, Jane's boyfriend] gets up early.
제인의 남자 친구인 조, 바로 그가 일찍 일어난다.

② **To Clarify a Subject when Quoting** 인용할 때 주어 명확하게 하기
Joe said that "[running] is good for health."
조는 "[달리기가] 몸에 좋다."라고 말했다.

{ } Braces   중괄호

① **To Mark a Set in Math** 수학에서 집합 표시하기
Set A is {1, 2, 3}.
집합 A는 {1, 2, 3}이다.

는 인용문의 주어를 명확하게 밝힐 때도 사용된다. 예를 들어, "Joe said that "[running] is good for health."의 경우, 원래 인용문에는 없던 주어를 대괄호 안에 표현한다. 한편, 영국에서는 대괄호를 'Square Brackets'라고 부른다. 열넷째, 수학, 기술 관련 글에서 집합의 표시로 사용되는 'Braces' 즉, 중괄호도 있다.

열다섯째, 1개 이상의 알파벳 글자를 생략할 때 사용되는 'Apostrophe' 즉, 아포스트로피가 있다. 예를 들어, "Joe is so fast, but Jane isn't."라는 문장의 경우, 동사구 'is not'에서 글자 'o'가 생략되어 'isn't'로 표현된다. 이에 더해, 아포스트로피는 명사

'	Apostrophe	아포스트로피

① To Omit One or More Letters 1개 이상의 글자 생략하기
Joe is so fast, but Jane isn't.
조는 매우 빠르지만, 제인은 그렇지 않다.

② To Mark a Possessive Case 소유격 표시하기
Joe's girl friend is Jane.
조의 여자 친구는 제인이다.

...	Ellipses	줄임표

① To Omit One or More Words 1개 이상의 단어 생략하기
Joe and Jane met, loved, fought ... finally got married.
조와 제인은 만났고, 사랑했고, 싸웠고 ······ 마침내 결혼했다.

의 소유격을 표시할 때도 사용된다. 예를 들어, "Joe's girl friend is Jane."이라는 문장의 경우, 아포스트로피를 활용하여 주격 고유명사 'Joe'의 소유격을 'Joe's'라고 표현한다. 열여섯째, 1개 이상의 단어를 생략할 때 사용되는 'Ellipses' 즉, 줄임표가 있다. 예를 들어, "Joe and Jane met, loved, fought ... finally got married."의 경우, 줄의 바닥에 붙은 아랫점 3개를 활용한 줄임표를 통해 1개 이상의 단어가 생략되었음을 표현한다. 한편, 한국어 줄임표(······)는 원칙적으로 가운뎃점 6개의 모양이다.

한국어와는 확연하게 다른
영어 단어만이 가지고 있는
독특한 문법적 '기능'을 보다 쉽게
그러나 정확하게 설명함으로써,
독자로 하여금
문법적으로 완전한
영어 문장을 만들 수 있도록
돕는 것이 이 책의 목적이다.

문장을 넘어
문단과 단락을 향해

　　지금까지 '단어의 기능을 중심으로 영어 문장 만들기'라는 이 책의 주제에 대해 자세하고 꼼꼼하게 설명했다. 우선, '셀 수 있는지 여부'와 '서술'이라는 명사와 동사의 문법적 '기능'만 정확하게 이해하고 올바르게 활용할 수 있어도, 상당수의 영어 문장을 아주 쉽게 만들 수 있다. 만약, 형용사와 부사를 활용해서 명사와 동사를 적절하게 수식할 수도 있다면, 기본적인 영어 문장은 모두 만들 수 있다. 이에 더해, 대명사와 전치사를 활용해서 명사를 확대하고, 동사변형과 조동사를 활용해서 동사를 확대할 수 있다면, 기초를 넘어 심화된 수준의 영어 문장도 어렵지 않게 만들 수 있다. 더욱이, 관사와 일치, 감탄사와 접속사 그리고 영어 문장부호까지 적절하게 활용할 수 있다면, 비로소 문장 차원에서 문법적으로 완벽한 수준의 영어 의사소통이 가능해진다.

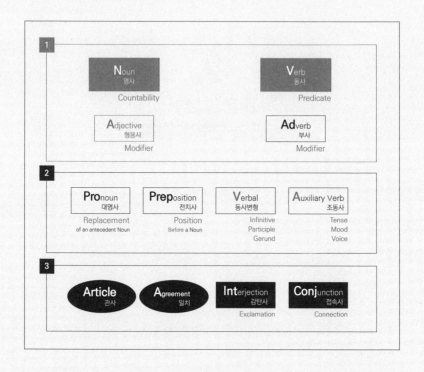

이로써, 영어 공부의 일차적 목표인 '단어와 구를 넘어 문장 차원에서 듣기, 읽기, 말하기, 글쓰기 형식의 영어 의사소통'을 자유롭게 할 수 있기 위해 필요한 영어 문법에 대한 설명은 모두 끝났다. 필자의 역할은 여기까지이다. 이제 남은 일은 오로지 이 책에 대한 올바른 '이해'를 기반으로 독자 여러분 스스로 꾸준히 '연습'하는 것뿐이다. 특히, 〈부록〉의 연습문제 또한 꼼꼼하게 풀어보길 권고한다. 좋은 영어 문장을 매일매일 많이 접하는 것은 영어능력의 향상에 큰 도움이 된다. 따라서, 소극적 의사소통 방법인 읽기와 듣기는 매우 중요하다. 그러나 더욱 중요한 것은 적극적 의사소통 방법인 글쓰기

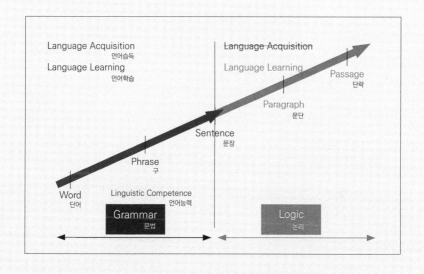

와 말하기이다. 자신만의 영어 문장을 만들어서 글과 말의 형식으로 끊임없이 표현하고, 그것을 영어 문법에 따라 수정하고 개선하는 연습을 반복해야 한다.

올바른 '이해'와 꾸준한 '연습'을 통해 문장 차원의 영어능력을 갖추었다고 해서, 영어 공부가 끝나는 것은 결코 아니다. 멀지 않은 미래에 독자 여러분 모두가 영어 공부의 궁극적 목표인 '문장을 넘어 문단과 단락 차원에서 이루어지는 듣기, 읽기, 말하기, 글쓰기 형식의 영어 의사소통'에도 기쁜 마음으로 도전하기를 진심으로 응원한다. 궁극적 목표의 달성을 위해서는, 논리에 대한 공부가 필요하다. 이 책의 주제인 '문법'이 단어와 단어를 조합해서 완전한 문장을 만드는 규칙이라면, '논리'란 문장과 문장을 조합해서 완전한 문단을 그리고 문단과 문단을 조합해서 완전한 단락을 만드는 규칙이다. '문장 → 문단 → 단락'이라는 영어능력의 발전단계는 심지어 모국어로 영어를 쓰는 사람들조차도 반드시 인위적인 언어학습을 통해서만 도달할 수 있다.

이 책을 통해 독자 여러분에게 전달하고 싶은 필자의 이야기는 이제 모두 마무리되었다. 이 책이 단어를 모아서 완전한 문장을 조합하는 규칙인 영어 문법에 대한 독자 여러분의 이해와 연습 그리고 도전에 조금이라도 도움이 되었기를 바란다. 좀더 깊이 있는 공부를 원하는 경우, 필자의 졸저인 『Dr. LEE의 똑똑영어: 똑바로 이해하고 똑바로 실천하는 영어 공부』, 『Dr. LEE의 논리적 글쓰기』, 『Dr. LEE의 오류와 편향을 넘어선 논증』, 『영어 프레젠테이션 절대 공식』 등에 대한 일독을 권한다. 출판 시장의 어려운 여건 속에서도 필자의 집필 의도에 공감하고 출판을 맡아주신 도서출판 연암사의 권윤삼 대표님께 진심으로 감사의 인사를 드린다. 끝으로, 이 책을 읽은 모든 독자들이 영어 문법의 재미에 흠뻑 빠져들기를 두 손 모아 진심으로 기원한다.

2023년 8월 연구공간 자유에서

(www.TheInstituteForLiberty.com)

이 상 혁

부록1
주요 용어

KEY TERMS

GRAMMAR

5W1H(Who, What, When, Where, Why and How) 육하원칙

Abbreviation 축약형
Absolute Phrase 독립분사구문
Abstract Noun 추상명사
A-Clause 형용사절
Acronym 두문자어
Action Verb 행위동사
Active Voice 능동태
Ad-Clause 부사절
Adjective 형용사
Adjective Clause 형용사절
Adjective Phrase 형용사구
Ad-Phrase 부사구
Adverb 부사
Adverb Clause 부사절
Adverbial Clause 부사절
Adverbial Phrase 부사구
Adverb of Time 시간을 표현하는 부사
Agreement 일치
Alphabet 알파벳
Antecedent 선행사
Antecedent Noun 선행 명사
Anticipatory Object 가목적어
Anticipatory Subject 가주어
Antonym 반대말
A-Phrase 형용사구
Apostrophe ['] 아포스트로피
Article 관사
Attributive 한정적
Auxiliary Verb 조동사

Basic Form 원형
Basic Structure 기본 구조
Braces { } 중괄호
Brackets ( ) (영국) 소괄호
Brackets [ ] 대괄호

Capital Letter 대문자
Case 격
Clause 절
Collective Noun 집합명사
Colon [:] 콜론, 쌍점
Comma [,] 쉼표
Command 명령
Common Noun 보통명사, 공통명사
Communication 의사소통
Comparative 비교급
Comparison 비교
Complement 보어
Complete Intransitive Verb 완전자동사
Complete Transitive Verb 완전타동사
Complete Verb 완전동사
Complex Sentence 복문
Compound Complex Sentence 중복문, 혼합문
Compound Noun 복합명사
Compound Sentence 중문
Concept 개념
Conciseness 간결성
Concord 일치
Concrete Noun 구상명사, 구체명사
Conditional Mood 조건법
Conjunction 접속사
Connection 연결
Consistency 일관성
Consonant 자음
Context 맥락
Continuation 연속(시제)
Continuous Tense 연속시제
Coordinating Conjunction 등위접속사
Countability 셀 수 있는지 여부
Copula 연결동사
Correlative Conjunction 상관접속사
Countable Noun 셀 수 있는 명사, 가산명사

Dangling Modifier 현수 수식어

부록2-1
연습문제

PRACTICE QUESTIONS

GRAMMAR

Noun
1장. 단어 공부의 출발, 명사

Fill in the blanks with appropriate words.
적절한 단어로 빈 칸을 채우세요.

---

1. A w_____ is a group of alphabetical letters that has a meaning.
   단어란 의미를 가지고 있는 알파벳 글자들의 그룹이다.

2. G_____ is a set of rules to combine words into a sentence.
   문법이란 단어를 결합하여 문장을 만드는 규칙들의 조합이다.

3. A s_____ is a set of words, containing a subject and a verb.
   문장이란 하나의 주어와 하나의 동사를 포함하는 단어들의 조합이다.

4. Pay attention to both the m_____ and the f_____ of each word.
   각 단어의 의미와 기능 둘 다 주목하라.

5. A n_____ is a word which refers to a person, a thing or a quality.
   명사란 어떤 사람, 어떤 대상 혹은 어떤 성질을 지칭하는 단어이다.

6. The essential function of a noun is its c_____.
   명사의 핵심적 기능은 (그 명사의) 셀 수 있는지 여부이다.

7. A c_____ noun has its singular and plural forms.
   셀 수 있는 명사는 단수와 복수의 형태를 가지고 있다.

8. An u_____ noun cannot be expressed in a plural form.
   셀 수 없는 명사는 복수 형태로 표현될 수 없다.

9. A c_____ noun is a name for a collection of people or things.
   집합명사는 사람들 혹은 사물들의 집합에 대한 이름이다.

Noun
1장. 단어 공부의 출발, 명사

Underline nouns in the following sentences.
아래 문장에서 명사를 밑줄 치세요.

---

1. A book is like a journey.
   책은 여행과 같다.

2. Love is such a powerful force.
   사랑은 그렇게나 강력한 힘이다.

3. A school is an institution to educate children.
   학교는 학생들을 교육하는 기관이다.

4. Steve Jobs was an inventor, designer and entrepreneur.
   스티브 잡스는 발명가이자, 디자이너이며, 기업가였다.

5. John Harvard was a major benefactor of Harvard University.
   존 하버드는 하버드대학교의 주요 후원자였다.

6. Conscience is a personal awareness of right and wrong.
   양심은 옳은 것과 그른 것에 대한 개인적 인식이다.

7. A primary purpose of the UN is to maintain international peace.
   국제연합의 주 목적은 국제평화를 유지하는 것이다.

8. Liberalism is a political philosophy based on individual liberty.
   자유주의는 개인의 자유에 기반한 정치 철학이다.

9. Abraham Lincoln issued the Emancipation Proclamation in 1863.
   에이브러햄 링컨은 1863년 노예 해방 선언을 발표했다.

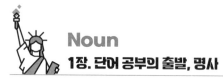

Noun
1장. 단어 공부의 출발, 명사

Underline a word which is different from the others in a group.
한 그룹 내에서 나머지 단어들과 다른 한 단어를 밑줄 치세요.

1. Adriel, Carter, Boy, Everett, Jacob, Lucas
   아드리엘, 카터, 소년 (남자 아이), 에버렛, 제이콥, 루카스

2. Emma, Sophia, Isabella, Amelia, Girl, Evelyn
   엠마, 소피아, 이사벨라, 아멜리아, 소녀 (여자 아이), 에벌린

3. Steve Jobs, Bill Gates, Mark Zukerberg, Entrepreneur
   스티브 잡스, 빌 게이츠, 마크 저커버그, 기업인

4. Harvard, Yale, Princeton, University, Oxford, Cambridge
   하버드, 예일, 프린스턴, 대학교, 옥스퍼드, 케임브리지

5. Samsung, Apple, Tesla, Company, Google, Netflix, Microsoft
   삼성, 애플, 테슬라, 회사, 구글, 넷플릭스, 마이크로소프트

6. Korea, Japan, United States, Country, China, Germany
   한국, 일본, 미국, 국가, 중국, 독일

7. Table, Furniture, Desk, Bed, Chair, Dresser
   식탁, 가구, 책상, 침대, 의자, 서랍장

8. Consistency, Accuracy, Originality, Conciseness, Book
   일관성, 정확성, 독창성, 간결성, 책

9. Happiness, Friend, Bravery, Friendship, Knowledge
   행복, 친구, 용기, 우정, 지식

Answer: P. 279

Noun
1장. 단어 공부의 출발, 명사

Correct grammatical errors, if any, in the following sentences.
(만약 있다면) 다음 문장의 문법적 오류를 수정하세요.

---

1. There are a lot of child in the playground.

   놀이터에 많은 어린이들이 있다.

2. Loves is the feeling that makes you feel alive.

   사랑이란 당신이 살아있다고 느끼게 해 주는 감정이다.

3. Knowledges is power.

   지식은 힘이다.

4. Educations is the premise of progress in every society.

   모든 사회에서 교육은 진전의 전제이다.

5. The polices are patrolling the area.

   경찰이 그 지역을 순찰하고 있다.

6. The criminal was arrested by a police officers.

   그 범죄자는 한 경찰관에게 체포되었다.

7. William Shakespeare wrote 17 comedies and 10 history play.

   윌리엄 셰익스피어는 17편의 희극과 10편의 역사극을 썼다.

8. Nikola Tesla was granted in total 116 patent for his inventions.

   니콜라 테슬라는 자신의 발명품에 대한 총 116개의 특허를 받았다.

9. Robert Frost is a poem, who wrote "The Road Not Taken".

   로버트 프로스트는 시인인데, 그는 "가지 않은 길"을 썼다.

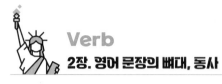

Verb
2장. 영어 문장의 뼈대, 동사

Fill in the blanks with appropriate words.
적절한 단어로 빈 칸을 채우세요.

---

1. A v_____ is a word that refers to action, state or experience.

   동사는 행동, 상태 혹은 경험을 지칭하는 단어이다.

2. The original meaning of a v_____ is a word that asserts or declares.

   동사의 본래 의미는 주장하거나 선언하는 단어이다.

3. A p_____ verb is made of a verb and an adverb/preposition.

   구동사는 동사와 부사/전치사로 구성된다.

4. A p_____ verb has a new meaning different from the verb.

   구동사는 (원래의 그) 동사와는 다른 새로운 의미를 가진다.

5. The essential function of a verb is to p_____.

   동사의 핵심적 기능은 서술하는 것이다.

6. A p_____ is an element of a sentence containing a verb.

   서술부는 동사를 포함하고 있는 문장성분이다.

7. In principle, a verb is used as a p_____ in a sentence.

   원칙적으로, 하나의 동사는 한 문장에서 하나의 서술어로 사용된다.

8. T_____ verbs require an object, but i_____ verbs do not.

   타동사는 목적어를 필요로 하지만, 자동사는 그렇지 않다.

9. I_____ verbs require a complement, but c_____ verbs do not.

   불완전동사는 보어를 필요로 하지만, 완전동사는 그렇지 않다.

Verb
2장. 영어 문장의 뼈대, 동사

Underline predicates and highlight verbs in the sentences below.
아래 문장에서 서술부는 밑줄 치고, 동사는 강조하세요.

---

1. My husband snored so loudly last night.
   제 남편은 어제 밤 엄청 큰 소리로 코를 골았다.

2. I jog around the neighborhood early in the morning.
   나는 아침 일찍 동네에서 조깅한다.

3. In general, grandiose people are big talkers.
   일반적으로, 거창하기만 한 사람들은 허풍쟁이들이다.

4. Negotiation is a dialogue to reach a desired outcome.
   협상은 바라는 결과에 도달하기 위한 대화이다.

5. Jonathan washed the dishes after lunch.
   점심 식사 후 조나단은 설거지를 했다.

6. Andrew Carnegie donated $350 million during his lifetime.
   앤드류 카네기는 살아생전에 3억5천만 달러를 기부했다.

7. Science holds an answer to our question.
   과학은 우리의 질문에 대한 답변을 가지고 있다.

8. Alex sent me a long message to say goodbye.
   알렉스는 작별 인사를 고하는 긴 메시지를 나에게 보냈다.

9. I saw Ariana Grande singing and dancing in a concert.
   나는 아리아나 그란데가 콘서트에서 노래하고 춤추는 것을 봤다.

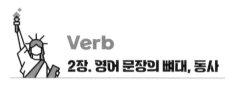

Verb
2장. 영어 문장의 뼈대, 동사

Correct grammatical errors, if any, in the following sentences.
(만약 있다면) 다음 문장의 문법적 오류를 수정하세요.

1. He laid down for an hour to recover from fatigue.

   그는 피로를 회복하기 위해 1시간 동안 누웠다.

2. As a single mom, she rose 2 daughters and 1 son.

   싱글맘으로, 그녀는 2명의 딸과 1명의 아들을 키웠다.

3. Last night, a robber entered into my office.

   어제 밤, 강도가 내 사무실에 들어왔다.

4. Diana discussed about the plan with her parents.

   다이아나는 부모님과 그 계획을 상의했다.

5. I borrowed my friend this book.

   나는 이 책을 친구에게 빌렸다.

6. A band of 500 Puritans found Yale University in 1638.

   500명의 청교도들이 1638년에 예일대학교를 설립했다.

7. She said me that grammar is her favorite subject.

   그녀는 문법이 그녀의 가장 좋아하는 과목이라고 내게 말했다.

8. Please sit yourself on the chair.

   제발 의자에 앉으세요.

9. My aunt speaks the good memories of her childhood.

   나의 이모는 그녀의 어린 시절 좋은 기억들을 말한다.

Verb
2장. 영어 문장의 뼈대, 동사

Fill in the blanks with appropriate words.
적절한 단어로 빈 칸을 채우세요.

1. Elizabeth a_____ f___ the permission to launch a new project.
   엘리자베스는 새로운 프로젝트를 시작하도록 허락을 요청했다.

2. A bad strategy b_____ a_____ a bad result.
   나쁜 전략이 나쁜 결과를 초래한다.

3. C_____ d_____ the overall spending on hobbies.
   취미 활동에 대한 전반적인 지출을 줄여라.

4. In general, I f____ i__ w____ your opinion.
   전반적으로, 나는 당신의 의견에 찬성한다.

5. Finally, I g_____ o_____ COVID-19.
   마침내, 나는 코로나를 극복했다.

6. He h_____ b_____ his tears and tried to smile.
   그는 눈물을 멈추고, 미소 지으려 노력했다.

7. Never l_____ d_____ o___ immigrant workers.
   절대 이주 노동자들을 멸시하지 말라!

8. Last year, my grandfather p_____ a_____ unexpectedly.
   작년에, 나의 할아버지가 예기치 않게 돌아가셨다.

9. Jane t_____ d_____ Joe's invitation to the party.
   제인은 조의 파티 초대를 거절했다.

Adjective
3장. 명사에 의미 더하기, 형용사

Fill in the blanks with appropriate words.
적절한 단어로 빈 칸을 채우세요.

---

1. An a_____ is a word that describes a noun or a pronoun.
   형용사는 명사 혹은 대명사를 묘사하는 단어이다.

2. The original meaning of an a____ is a word 'added to' a noun.
   형용사의 본래 의미는 명사에 붙어 있는 단어이다.

3. Attributive usage of adjectives is to m_____ a noun.
   형용사의 한정적 용법은 명사를 수식하는 것이다.

4. As a m_____, an adjective adds a meaning to a noun.
   수식어로서, 형용사는 명사에 의미를 더한다.

5. A n____ p_____ is made when an adjective is used with a noun.
   형용사가 명사와 함께 사용될 때, 명사구가 만들어진다.

6. Predicative usage of adjectives is to c_____ an incomplete verb.
   형용사의 서술적 용법은 불완전동사를 완전하게 하는 것이다.

7. As s_____ complements, the adjectives add meanings to subjects.
   주격보어로서, 형용사는 주어에 의미를 더한다.

8. As o_____ complements, the adjectives add meanings to objects.
   목적격보어로서, 형용사는 목적어에 의미를 더한다.

9. In principle, an adjective adds a m_____ to a noun in a sentence.
   원칙적으로, 형용사는 한 문장 내에서 명사에 의미를 더한다.

Adjective
3장. 명사에 의미 더하기, 형용사

Underline adjectives & highlight nouns to which a meaning added.
형용사는 밑줄 치고, 의미가 더해진 명사는 강조하세요.

---

1. Grammar is an interesting subject.

   문법은 재미있는 과목이다.

2. The bread tastes really good.

   그 빵은 정말 맛이 좋다.

3. New York City is known as the city that never sleeps.

   뉴욕시는 결코 잠들지 않는 도시로 알려져 있다.

4. The current situation of climate change is so serious.

   기후변화의 현재 상황은 매우 심각하다.

5. My girlfriend always makes me happy.

   내 여자 친구는 항상 나를 행복하게 만든다.

6. I feel sorry for poor children who are suffering from COVID-19.

   나는 코로나로 고통받고 있는 가난한 어린이들이 안쓰럽다.

7. My daughter painted the brand-new chair black.

   내 딸이 완전 새 의자를 검은색으로 페인트 칠했다.

8. AI (artificial intelligence) will never be tired, hungry or sick.

   AI(인공지능)는 결코 지치지도, 배고프지도 혹은 아프지도 않을 것이다.

9. Indonesia is the biggest archipelago in the world.

   인도네시아는 세계에서 가장 큰 군도(제도, 열도)이다.

Adjective
3장. 명사에 의미 더하기, 형용사

Correct grammatical errors, if any, in the following sentences.

(만약 있다면) 다음 문장의 문법적 오류를 수정하세요.

---

1. Yesterday, David looked happily at his birthday party.

   어제, 데이비드는 자신의 생일 파티에서 행복해 보였다.

2. Fresh salmon never smells fishily.

   신선한 연어는 결코 생선 상한 냄새가 나지 않는다.

3. Please, tell me strange anything.

   제발, 이상한 어떤 것이라도 내게 말해줘.

4. Would you recommend intelligent someone to me?

   총명한 누군가를 나에게 소개시켜 줄래?

5. This building is as older as my grandmother.

   이 건물은 나의 할머니만큼 나이가 들었다.

6. You are beautiful than I imagined.

   너는 내가 상상했던 것보다 더 아름답다.

7. The most old language in the world is Sanskrit.

   세상에서 가장 오래된 언어는 산스크리트어(범어)이다.

8. China is the most popular country in the world.

   중국은 세상에서 인구가 가장 많은 나라이다.

9. The population of the USA is small than that of India.

   미국의 인구는 인도의 인구보다 작다.

Adjective
3장. 명사에 의미 더하기, 형용사

Correct grammatical errors, if any, in the following sentences.

(만약 있다면) 다음 문장의 문법적 오류를 수정하세요.

---

1. Religious fanaticism is more bad than a nuclear bomb.

   종교적 광신은 핵폭탄보다 더 나쁘다.

2. Please, contact us for farther information.

   더 자세한 정보를 위해서는, (제발) 우리에게 연락하세요.

3. Neptune is the furthest planet in our solar system.

   해왕성은 우리 태양계에서 가장 멀리 있는 행성이다.

4. Last night, I enjoyed alive music in a park near my home.

   어제 밤, 나는 집 근처 공원에서 라이브 뮤직(실황 음악)을 즐겼다.

5. Tom is 5 years senior than John.

   톰은 존보다 5년 더 연장자이다.

6. In terms of performance, my boss is inferior than me.

   실적 측면에서, 내 상사가 나보다 못하다.

7. My solution to the problem is preferable than yours.

   그 문제에 대한 나의 해결책이 당신의 해결책보다 더 좋다.

8. *Pachinko*, a TV drama series, is worthy watching more than once.

   TV 드라마 시리즈 〈파친코〉는 한번 이상 볼 가치가 있다.

9. My friend Tom is elder than my sister Liz.

   내 친구 톰은 내 여동생 리즈보다 나이가 더 많다.

Adverb
4장. 동사에 의미 더하기, 부사

Fill in the blanks with appropriate words.
적절한 단어로 빈 칸을 채우세요.

1. An a____ is a word that describes a verb, an adjective or an adverb.
   부사란 동사, 형용사 혹은 부사를 묘사하는 단어이다.

2. The original meaning of an a____ is a word 'added to' a verb.
   부사의 본래 의미는 동사에 붙어 있는 단어이다.

3. Adverbs do not affect the b_____ s_____ of a sentence at all.
   부사는 문장의 기본 구조에 전혀 영향을 주지 않는다.

4. As a m_____, an adverb adds a meaning to a verb.
   수식어로서, 부사는 동사에 의미를 더한다.

5. As a m_____, an adverb adds a meaning to an adjective.
   수식어로서, 부사는 형용사에 의미를 더한다.

6. As a m_____, an adverb adds a meaning to another adverb.
   수식어로서, 부사는 또 다른 부사에 의미를 더한다.

7. As a m_____, an adverb adds a meaning to an entire sentence.
   수식어로서, 부사는 전체 문장에 의미를 더한다.

8. An adverb that describes an entire statement is a s_____ a_____.
   전체 진술을 묘사하는 부사는 문장부사이다.

9. An a_____ p_____ is a group of words that behaves as an adverb.
   부사구는 마치 부사처럼 행동하는 단어들의 그룹이다.

Adverb
4장. 동사에 의미 더하기, 부사

Underline adverbs & highlight words to which a meaning added.
부사는 밑줄 치고, 의미가 더해진 단어는 강조하세요.

---

1. My father runs fast, but my mother walks slowly.
   나의 아버지는 빠르게 달리지만, 나의 어머니는 천천히 걷는다.

2. All the students laughed loudly, when Joe made a joke.
   조가 농담을 했을 때, 모든 학생들이 큰 소리로 웃었다.

3. The movie is really touching.
   그 영화는 정말로 감동적이다.

4. He is in an extremely happy and joyful situation.
   그는 극도로 행복하고 즐거운 상황에 있다.

5. My brother, Joe, runs so fast.
   나의 남동생인 조는 정말 빨리 달린다.

6. Professor Huntington gives us a quiz almost daily.
   헌팅턴 교수는 거의 매일 우리에게 퀴즈를 낸다.

7. Fortunately, no one was hurt.
   다행스럽게도, 아무도 다치지 않았다.

8. Surprisingly, Fred declined the job offer from Microsoft.
   놀랍게도, 프레드는 마이크로소프트의 일자리 제안을 거절했다.

9. My sister, Joan, got up early yesterday at home.
   나의 여동생인 조안은 어제 집에서 일찍 일어났다.

Adverb
4장. 동사에 의미 더하기, 부사

Correct grammatical errors, if any, in the following sentences.
(만약 있다면) 다음 문장의 문법적 오류를 수정하세요.

1. Yesterday, my mother made a cake really fastly.
   어제 나의 어머니는 정말 빨리 케익을 만들었다.

2. They did not go farly.
   그들은 멀리 가지 않았다.

3. The global human population is approximate 8 billion.
   전세계 인구는 약 80억 명이다.

4. Sam is near always late.
   샘은 거의 항상 늦는다.

5. Joe and Jane spoke frequent on the phone.
   조와 제인은 자주 전화로 통화한다.

6. All BTS members sing and dance expert.
   모든 BTS 멤버들은 능숙하게 노래하고 춤춘다.

7. A famous plastic surgeon rebuilt his broken nose successful.
   유명한 성형외과 전문의가 부러진 그의 코를 성공적으로 재건했다.

8. Professor Hamilton hard ever go to concerts.
   해밀턴 교수는 콘서트에 거의 가지 않는다.

9. Usual, children like to visit the zoo.
   보통, 어린이들은 동물원에 방문하는 것을 좋아한다.

Adverb
4장. 동사에 의미 더하기, 부사

Correct grammatical errors, if any, in the following sentences.
(만약 있다면) 다음 문장의 문법적 오류를 수정하세요.

---

1. Half of the people invited to the party showed up lately.

   파티에 초대받은 사람들 중 반이 늦게 나타났다.

2. Late, I have been feeling much better.

   최근에, 나는 기분이 훨씬 더 좋다.

3. Min Jin LEE, who wrote *Pachinko*, is high respected as a novelist.

   『파친코』를 쓴 이민진은 소설가로서 매우 존경받고 있다.

4. I used to live with my friend, but now I live lonely.

   나는 나의 친구와 함께 살았었는데, 지금은 혼자 살고 있다.

5. James analyzed the situation very close.

   제임스는 그 상황을 매우 면밀하게 분석했다.

6. He took a low job in a small restaurant to take care of family.

   그는 가족을 돌보기 위해 작은 식당의 하찮은 직업을 가졌다.

7. From the subway station, my house is very nearly.

   지하철 역으로부터, 나의 집은 아주 가깝다.

8. She has worked hardly in order to be a successful entrepreneur.

   성공한 사업가가 되기 위해, 그녀는 열심히 일해왔다.

9. Today, I am so sick to attend school.

   오늘 나는 너무 아파서 학교에 갈 수 없다.

Pronoun
5장. 명사의 대체, 대명사

Fill in the blanks with appropriate words.
적절한 단어로 빈 칸을 채우세요.

1. A p_____ is a word that is used instead of a noun (phrase).
   대명사는 명사(구) 대신 사용되는 단어이다.

2. A pronoun must agree with the a_____ or a_____ noun.
   대명사는 선행사 혹은 선행 명사와 일치해야 한다.

3. Forms of pronouns vary depending on p___, n____, c___, g____.
   대명사의 형태는 인칭, 수, 격, 성에 따라서 변한다.

4. A p_____ pronoun is a word that refers to a person.
   인칭대명사는 사람을 지칭하는 단어이다.

5. Pronoun 'It' is used as a d_____ s_____ without adding a meaning.
   대명사 'It'은 의미를 더하지 않는 비인칭주어로 사용된다.

6. A r_____ pronoun refers back to the subject of a sentence.
   재귀대명사는 되돌아가서 그 문장의 주어를 지칭한다.

7. A r_____ pronoun introduces two kinds of relative clauses.
   관계대명사는 2가지 종류의 관계절을 이끈다.

8. A defining relative clause is a m_____ for the antecedent.
   한정적 관계절은 선행사에 대한 수식어이다.

9. A non-defining relative clause means 'c_____ + pronoun'.
   비한정적 관계절은 '접속사 + 대명사'를 의미한다.

Pronoun
5장. 명사의 대체, 대명사

Underline pronouns & highlight the antecedent nouns.
대명사는 밑줄 치고, 선행 명사는 강조하세요.

---

1. Yesterday, Jane ate 5 slices of pizza. It was her cheat day.
   어제 제인은 피자 5조각을 먹었다. 어제는 마음 놓고 먹는 날이었다.

2. Joel asked Maria where she bought her new laptop.
   조엘은 마리아에게 그녀의 새 노트북 컴퓨터를 어디에서 샀는지 물었다.

3. Joe and Jane live together, but they are not married.
   조와 제인은 함께 살지만, 그들이 결혼한 것은 아니다.

4. You really have to know yourself and accept your own limits.
   너는 정말로 너 자신을 알아야 하고, 너의 한계를 받아들여야 한다.

5. I want to tell the story to anyone who would listen.
   나는 듣고자 하는 누구에게나 그 이야기를 말하고 싶다.

6. Adam Smith wrote a book whose title is *The Wealth of Nations*.
   아담 스미스는 (그것의) 제목이 『국부론』인 책을 썼다.

7. It was already after midnight when I went to bed.
   내가 취침할 때는 이미 자정이 지난 시간이었다.

8. It is not difficult to master English grammar.
   영어 문법을 정복하는 것은 어렵지 않다.

9. I found it necessary to socialize with locals in a foreign country.
   나는 외국에서 현지인들과 사귀는 것이 필요하다고 생각했다.

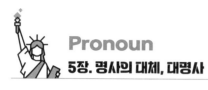

Pronoun
5장. 명사의 대체, 대명사

Correct grammatical errors, if any, in the following sentences.

(만약 있다면) 다음 문장의 문법적 오류를 수정하세요.

---

1. Rebecca, which is Jacob's mother, works as a librarian.

   레베카는 제이콥의 엄마인데, 도서관 사서로 일한다.

2. My uncle bought Tesla Model S who is my dream car.

   나의 삼촌은 내가 꿈에 그리던 차인 테슬라 모델 S를 샀다.

3. *Emile*, which author is Rousseau, is a famous classic on education.

   『에밀』의 저자는 루소인데, 그 책은 교육에 관한 유명 고전이다.

4. This is Sam Smith's song 'Stay with Me' whom I really like.

   이것이 내가 정말 좋아하는 샘 스미스의 '스테이 위드 미'라는 노래이다.

5. Alexander was tutored by a great philosopher, that was Aristotle.

   알렉산더는 위대한 철학자에게 지도 받았는데, 그가 아리스토텔레스였다.

6. Simply speaking, which Jesus taught us is to love one another.

   간단히 말해, 예수가 우리에게 가르쳤던 것은 서로 사랑하는 것이다.

7. Some people will be late, but much will not.

   몇몇 사람들은 늦을 것이지만, 많은 사람들은 그렇지 않을 것이다.

8. None of them is fully prepared for the mid-term.

   그들 중 누구도 중간고사에 완벽하게 준비되어 있지 않다.

9. She must be a foreigner, what is evident from her accent.

   그녀는 외국인임이 틀림없는데, 그것은 그녀의 억양을 보면 분명하다.

Pronoun
5장. 명사의 대체, 대명사

Fill in the blanks with appropriate words.
적절한 단어로 빈 칸을 채우세요.

---

1. During the next week, b_____ of them will work from home.

    다음 주 동안, 그들 둘 다 재택 근무를 할 것이다.

2. There is no one b_____ agrees to your opinion on this issue.

    이 이슈에 대한 너의 의견에 동의하지 않는 사람은 아무도 없다.

3. N_____ the black one nor the white one is available in size 5.

    검은색도 흰색도 사이즈 5는 없다.

4. E____ of the stories in this book is written by a different author.

    이 책 속의 이야기들 각각이 다른 작가에 의해 쓰여졌다.

5. A_____ of them have not arrived on time.

    그들 중 아무도 (시간을 어기지 않고) 정각에 도착하지 않았다.

6. Romeo and Juliet's love for e____ o_____ was hot but not mature.

    로미오와 줄리엣의 서로에 대한 사랑은 뜨거웠지만 성숙하지 않았다.

7. Joe will buy the same book a___ Jane already read last week.

    조는 제인이 지난 주에 벌써 읽었던 것과 똑같은 책을 살 것이다.

8. M_____ has changed since he left the town.

    그가 마을을 떠난 이래로 많은 것이 변했다.

9. All happy families are like o_____ a_____.

    모든 행복한 가정은 서로 서로 비슷하다.

Preposition
6장. 명사의 단짝, 전치사

Fill in the blanks with appropriate words.
적절한 단어로 빈 칸을 채우세요.

---

1. A p_____ is a word that is used before a noun or a pronoun.
   전치사란 명사 혹은 대명사 앞에 쓰이는 단어이다.

2. The original meaning of a preposition is a word b_____ a noun.
   전치사의 본래 의미는 명사 앞의 단어이다.

3. A noun may be considered an o_____ of the previous preposition.
   명사는 (바로) 앞에 있는 전치사의 목적어로 간주될 수 있다.

4. A noun p_____ also can be used after a preposition.
   명사구 또한 전치사 뒤에 사용될 수 있다.

5. After a preposition, a verb must change its form into a g_____.
   전치사 다음에, 동사는 그 형태를 동명사로 변경해야 한다.

6. In case of 'To Infinitive', 'To' is called as an i_____ m_____.
   'To 부정사'의 경우, 'To'는 부정사 표시라고 불린다.

7. Sometimes, 'To' is used as a p_____ not an infinitive marker.
   때때로, 'To'는 부정사 표시가 아니라 전치사로 사용된다.

8. When used as a preposition, 'To' must have a noun as its o_____.
   전치사로 사용될 때, 'To'는 (자신의) 목적어로 명사를 가져야 한다.

9. 'After' and 'Before' are used as either prepositions or c_____.
   'After'와 'Before'는 전치사 혹은 접속사로 사용된다.

Answer: P. 288

Preposition
6장. 명사의 단짝, 전치사

Underline prepositions & highlight their objects.
전치사는 밑줄 치고, 전치사의 목적어는 강조하세요.

1. Joe intends to buy a brand-new smartphone for Jane.
   조는 제인을 위해 최신 스마트폰을 사려고 한다.

2. This is Professor Kim for whom I am doing some research now.
   이 사람이 내가 현재 어떤 조사(연구)를 돕고 있는 김 교수이다.

3. I have been waiting for your answer since last Friday.
   나는 지난 금요일 이래로 너의 답변을 기다리고 있다.

4. The conference is scheduled to begin at 10:30 AM on August 10.
   회의는 8월 10일 오전 10시30분에 시작할 예정이다.

5. Look at him with whom Jane dances in the main hall.
   중앙 홀에서 제인이 함께 춤추고 있는 그를 보세요.

6. The Statute of Liberty is a sculpture on Liberty Island in NYC.
   자유의 여신상은 뉴욕시 리버티 섬에 있는 조각품이다.

7. Upon entering the office, he shouted loudly to someone.
   사무실에 들어가자마자 곧, 그는 누군가에게 크게 소리질렀다.

8. She is looking forward to starting a new business.
   그녀는 새로운 사업을 시작할 것을 학수고대하고 있다.

9. Social distancing is a safety precaution before being vaccinated.
   사회적 거리두기는 예방 접종 전 하나의 안전 예방책이다.

Preposition
6장. 명사의 단짝, 전치사

Correct grammatical errors, if any, in the following sentences.

(만약 있다면) 다음 문장의 문법적 오류를 수정하세요.

---

1. Burj Khalifa (828 m.) at Dubai is the tallest building in the world.

   두바이에 있는 부르즈 할리파 (828 미터)는 세상에서 가장 높은 빌딩이다.

2. In this weekend, I plan to visit the national museum with friends.

   이번 주말에, 나는 친구들과 국립박물관에 방문할 계획이다.

3. Artificial Intelligence (AI) is a game-changer on the 21st century.

   인공지능은 21세기의 게임 체인저(상황을 완전히 바꾸어 놓는 것)이다.

4. World War II broke out in September 1, 1939.

   제2차 세계 대전은 1939년 9월 1일에 발발했다.

5. At the summer vacation, I visited Machu Picchu in Peru.

   여름 방학 동안, 나는 페루의 마추픽추를 방문했다.

6. Early on the morning, my dad jogs in the neighborhood.

   아침 일찍, 나의 아버지는 동네에서 조깅을 한다.

7. Yesterday, I was so depressed. However, in present, I am ok.

   어제 나는 너무 우울했다. 그러나, 현재 나는 괜찮다.

8. Jane's new office is located in Wall Street, New York City.

   제인의 새 사무실은 뉴욕시 월 스트리트에 위치해 있다.

9. My grandmother used to be a beautiful young girl for the past.

   나의 할머니는 과거에 (한때는) 아름다운 어린 소녀였다.

Preposition
6장. 명사의 단짝, 전치사

Correct grammatical errors, if any, in the following sentences.

(만약 있다면) 다음 문장의 문법적 오류를 수정하세요.

---

1. Bill strongly objected to postpone the board meeting.

   빌은 이사회를 연기하는 것에 강하게 반대했다.

2. Sadly, I gained some weight during stay at home.

   슬프게도, 나는 집에 머무르는 동안 체중이 좀 늘었다.

3. A circular saw is the most popular tool for cut wood.

   회전 톱은 목재 절단에 사용되는 가장 대중적인 도구이다.

4. I am still not accustomed to be rejected.

   나는 거절당하는 것에 여전히 익숙하지 않다.

5. He intended to running for the next presidential election.

   그는 다음 대통령 선거에 출마하려고 했다.

6. Thomas is looking forward to trek in the Himalayas.

   토마스는 히말라야에서 트레킹하기를 학수고대하고 있다.

7. The purpose of read a book is to converse with the author.

   어떤 책을 읽는 목적은 (그 책의) 저자와 대화하기 위함이다.

8. After complete this course, you are eligible to join the association.

   이 과정을 마친 후, 당신은 협회에 가입할 수 있다.

9. Mother Teresa devoted herself to care for the poor and the sick.

   테레사 수녀는 가난한 사람들과 아픈 사람들을 돌보는 것에 헌신했다.

Verbal
7장. 동사 기능의 변화, 동사변형

Fill in the blanks with appropriate words.
적절한 단어로 빈 칸을 채우세요.

---

1. A v_____ is a form of a verb used as an adjective, adverb or noun.
   동사변형은 형용사, 부사 혹은 명사로 사용되는 동사의 한 형태이다.

2. A v_____ is a verb disguised as an adjective, adverb or noun.
   동사변형은 형용사, 부사 혹은 명사인 것처럼 위장된 동사이다.

3. A verbal refers to an i_____, p_____ or g_____.
   동사변형은 부정사, 분사 혹은 동명사를 지칭한다.

4. Infinitive is the b____ f_____ of a verb that usually follows 'to'.
   부정사는 주로 'to' 뒤에 오는 동사의 원형이다.

5. As a verbal, the f_____ of infinitive is a noun, adjective or adverb.
   동사변형으로서, 부정사의 기능은 명사, 형용사 혹은 부사이다.

6. P_____ is the form of a verb that usually ends in 'ed' or 'ing'.
   분사는 주로 'ed' 혹은 'ing'로 끝나는 동사의 형태이다.

7. As a verbal, the function of participle is an a_____.
   동사변형으로서, 분사의 기능은 형용사이다.

8. G_____ is the form of a verb that ends in 'ing'.
   동명사는 'ing'로 끝나는 동사의 형태이다.

9. As a verbal, the function of gerund is a n_____.
   동사변형으로서, 동명사의 기능은 명사이다.

Verbal
7장. 동사 기능의 변화, 동사변형

Underline verbals & explain their grammatical functions.
동사변형을 밑줄 치고, 그 문법적 기능을 설명하세요.

1. We need more money to reach the goal within this year.
   올해 안에 그 목표에 도달하기 위해서, 우리는 더 많은 돈이 필요하다.

2. Understanding cultural difference is essential for multiculturalism.
   문화의 차이를 이해하는 것은 다문화주의에 필수적이다.

3. People have a tendency to divide the world into 'us' and 'them'.
   사람들은 세상을 '우리'와 '그들'로 구분하려는 성향을 가지고 있다.

4. Those who are domineering are often intolerant of dissent.
   위세를 부리는 사람들은 종종 반대를 참지 못한다.

5. He is really good at manipulating people around him.
   그는 자기 주위 사람들을 조종하는데 정말 능숙하다.

6. To bear arms is a constitutional right for Americans.
   총을 지닐 수 있는 것은 미국인들에게 헌법적 권리이다.

7. The purchasing power of the working people has declined.
   노동자들의 구매력은 줄어들었다.

8. The benchmark interest rate was raised by the U.S. Federal Reserve.
   미국 연방준비제도이사회에 의해 기준 금리가 올랐다.

9. I want to master English grammar with the help of this book.
   나는 이 책의 도움으로 영어 문법을 정복하고 싶다.

Verbal
7장. 동사 기능의 변화, 동사변형

Correct grammatical errors, if any, in the following sentences.

(만약 있다면) 다음 문장의 문법적 오류를 수정하세요.

---

1. I vividly remember to meet her last year.

   나는 작년에 그녀를 만났던 것을 생생하게 기억한다.

2. Do you mind to stay in this hotel?

   이 호텔에 머물러도 언짠치 않겠니?

3. Dr. Rosling refused giving a comment on my question.

   로슬링 박사는 나의 질문에 대해 코멘트 하기를 거절했다.

4. Brandon denied to tell the secret to his wife.

   브랜든은 자신의 아내에게 그 비밀을 말했던 것을 부인했다.

5. He had his secretary to make a reservation for dinner.

   그는 그의 비서에게 저녁 식사 예약을 하도록 시켰다.

6. I heard Jane to play the piano this morning.

   나는 오늘 아침 제인이 피아노 연주하는 것을 들었다.

7. Please avoid to eat snacks between meals to be in good shape.

   좋은 몸 상태가 되려면, 제발 식사와 식사 사이에 간식 먹는 것을 피해라.

8. I really enjoyed to watch the MLB All-Star Game last night.

   나는 어제 밤 메이저리그야구 올스타 경기 보는 것을 정말로 즐겼다.

9. The company decided recruiting a new CTO.

   그 회사는 새로운 최고기술책임자(CTO)를 채용하기로 결정했다.

Verbal
7장. 동사 기능의 변화, 동사변형

Correct grammatical errors, if any, in the following sentences.

(만약 있다면) 다음 문장의 문법적 오류를 수정하세요.

---

1. Tiring from work, my dad went to bed early.

    일 때문에 지쳐서, 나의 아버지는 일찍 잠자리에 들었다.

2. He was highly rewarded for his outstood performance.

    그는 그의 뛰어난 실적에 대해 크게 보상 받았다.

3. Extremely disappointing in her love, she decided to be a nun.

    그녀의 연인에게 극도로 실망해서, 그녀는 수녀가 되기로 결심했다.

4. They have done their own best with limiting resources.

    그들은 한정된 자원으로 (자신들이 할 수 있는) 최선을 다했다.

5. Average wages for experiencing workers are rapidly rising.

    경험이 풍부한 근로자들에 대한 평균 급여가 빠르게 상승하고 있다.

6. He gave the police a detailing description about the suspect.

    그는 혐의자(용의자)에 대한 상세한 설명(묘사)을 경찰에 제공했다.

7. Generally spoken, in Korea, the summers are so muggy.

    일반적으로 말해서, 한국에서 여름은 너무 후텁지근하다.

8. Being hungry after jogging, a sandwich was devoured by me.

    조깅을 한 후 배가 고파서, 나는 샌드위치를 걸신 들린 듯 먹었다.

9. Walking in the hallway, the fire alarm went off.

    내가 복도에서 걷고 있을 때, 화재 경보가 울렸다.

Answer: P. 293

Auxiliary Verb
8장. 동사에 기능 더하기, 조동사

Fill in the blanks with appropriate words.
적절한 단어로 빈 칸을 채우세요.

---

1. Information on t____, m____ or v____ is given by auxiliary verbs.
   시제, 법 혹은 태에 관한 정보가 조동사에 의해 제공된다.

2. Verbs are categorized into l_____ verbs and a_____ verbs.
   동사는 어휘동사와 조동사로 구분된다.

3. Lexical verbs are grouped into a_____ verbs and l_____ verbs.
   어휘동사는 행위동사와 연결동사로 구분된다.

4. Auxiliary verbs are grouped into m_____ verbs and n_____ verbs
   조동사는 법조동사와 비법조동사로 구분된다.

5. M_____ refers to the meaning expressed by modal verbs.
   법성은 법조동사에 의해 표현되는 의미를 지칭한다.

6. T_____ is a form of a verb which shows when an action happened.
   시제는 어떤 행위가 언제 발생했는지를 보여주는 동사의 형태이다.

7. C_____ mood shows that a verb expresses realistic conditions.
   조건법은 어떤 동사가 현실적 조건을 표현하고 있음을 보여준다.

8. S_____ mood shows that a verb expresses unreal possibilities.
   가정법은 어떤 동사가 비현실적 가능성을 표현하고 있음을 보여준다.

9. V____ shows the relation b/w the subject and the action of a verb.
   태는 어떤 동사의 주어와 (그 동사의) 행위 간의 관계를 보여준다.

Auxiliary Verb
8장. 동사에 기능 더하기, 조동사

Underline auxiliary verbs & explain their grammatical functions.
조동사를 밑줄 치고, 그 문법적 기능을 설명하세요.

---

1. This book can be divided into 3 parts and 12 chapters.
   이 책은 3부, 12장으로 나누어질 수 있다.

2. When did Edwin Hubble discover the expanding universe?
   에드윈 허블은 언제 팽창하는 우주를 발견했나?

3. Always do your best in everything.
   항상 모든 일에 (너가 할 수 있는) 최선을 다해라.

4. Have you ever heard of the Emancipation Proclamation?
   노예해방령을 들어본 적이 있나?

5. Nelson Mandela will be always remembered as a symbol of liberty.
   넬슨 만델라는 항상 자유의 상징으로 기억될 것이다.

6. If the weather is good, we will go on a picnic tomorrow.
   만약 날씨가 좋다면, 우리는 내일 소풍을 갈 것이다.

7. If I were you, I would feel the same way as you.
   만약 내가 당신이라면, 나도 당신과 똑같이 느낄 텐데 .

8. If you had worked hard, you could have succeeded.
   만약 당신이 열심히 일했었다면, 당신은 성공할 수 있었을 텐데.

9. If you had run every day, you would be in good shape now.
   만약 당신이 매일 달리기를 했었더라면, 당신은 지금 몸 상태가 좋을 텐데.

Auxiliary Verb
8장. 동사에 기능 더하기, 조동사

Correct grammatical errors, if any, in the following sentences.
(만약 있다면) 다음 문장의 문법적 오류를 수정하세요.

---

1. Could you did me a favor?

    부탁 하나만 들어주실 수 있나요?

2. Until now, I did not have any eureka experience.

    지금까지 나는 유레카 ('바로 이거야!'라고 깨닫는) 경험을 해본 적이 없다.

3. My mountain bike cannot repair in this store.

    나의 산악자전거는 이 가게에서 수리될 수 없다.

4. Do you satisfy with the result of the presidential election?

    당신은 대통령 선거 결과에 만족하나요?

5. They are playing golf since 2 P.M.

    그들은 오후 2시 이래로 계속해서 골프를 치고 있다.

6. Last year, I was learned behavioral economics from Dr. Kahneman.

    작년에, 나는 카네만 박사에게 행동경제학을 배웠다.

7. Once upon a time, she has used to play with a Barbie doll.

    옛날 옛적에, 그녀는 바비 인형을 가지고 놀곤 했다.

8. Ten people killed in a drive-by shooting last night.

    어제 밤에 10명이 (달리는) 차를 이용한 총격에 목숨을 빼았겼다.

9. My life fills with light, humor, love and joy.

    내 삶은 빛, 유머, 사랑 그리고 즐거움으로 가득차 있다.

Auxiliary Verb
8장. 동사에 기능 더하기, 조동사

Correct grammatical errors, if any, in the following sentences.
(만약 있다면) 다음 문장의 문법적 오류를 수정하세요.

---

1. You insisted that I hired someone to help.

   도와줄 누군가를 내가 고용해야 한다고 당신은 고집했다.

2. It is advisable that we avoided excessive exposure to the sun.

   우리가 태양에 지나치게 노출되는 것을 피하는 것이 바람직하다.

3. If I studied hard, I would pass the test last year.

   만약 내가 열심히 공부했었다면, 나는 작년에 시험을 통과했었을 텐데.

4. Had I know the fact, I would reject the proposal yesterday.

   만약 내가 그 사실을 알았었다면, 나는 어제 그 제안을 거절했을 텐데.

5. I wish I am more diligent in my childhood.

   내가 어릴 때 좀더 부지런했었다면, (현재) 좋을 텐데.

6. If he was good at statistics, he can solve the problem now.

   만약 그가 통계학에 능숙하다면, 그는 지금 그 문제를 풀 수 있을 텐데.

7. Does she know his secret, she will not marry him.

   만약 그녀가 그의 비밀을 안다면, 그녀는 그와 결혼하지 않을 텐데.

8. If I am Son Heung-min, I will be the best football player.

   만약 내가 손흥민이라면, 나는 최고의 축구 선수일 텐데.

9. If I did the homework last night, I will feel better now.

   만약 내가 어제 밤에 숙제를 끝냈었더라면, 나는 지금 기분이 더 좋을 텐데.

Article
9장. 명사의 머리, 관사

Fill in the blanks with appropriate words.
적절한 단어로 빈 칸을 채우세요.

1. An a_____ refers to any of the English words 'a', 'an' and 'the'.
   관사는 'a', 'an' 그리고 "the'와 같은 영어 단어를 지칭한다.

2. The original meaning of an a_____ is a joint with a noun.
   관사의 본래 의미는 명사에 연결된 것이다.

3. D_____ article 'the' is used before the noun which is d_____.
   정관사 'the'는 특별히 정해진 명사 앞에 사용된다.

4. I_____ article 'a(n)' is used before a noun which is not d_____.
   부정관사 'a(n)'는 특별히 정해지지 않은 명사 앞에 사용된다.

5. To be d_____ is distinctively different from to be m_____.
   특별히 정해지는 것과 수식되는 것은 전혀 다르다.

6. If the noun is u_____, indefinite article 'a(n)' cannot be used.
   만약 명사가 셀 수 없으면, 부정관사 'a(n)'은 사용될 수 없다.

7. If the noun is countable and p_____, 'a(n)' cannot be used.
   만약 명사가 셀 수 있고 복수이면, 'a(n)은 사용될 수 없다.

8. Indefinite article 'a' is used before a c_____-pronunciation.
   부정관사 'a'는 자음 발음 앞에 사용된다.

9. Indefinite article 'an' is used before a v_____-pronunciation.
   부정관사 'an'은 모음 발음 앞에 사용된다.

Article
9장. 명사의 머리, 관사

Underline articles and highlight the nouns.
관사는 밑줄 치고, (그 관사와 연결된) 명사는 강조하세요.

---

1. She is a gentle, beautiful, young and tall lady.
   그녀는 온화하고, 아름답고, 젊고, 키가 큰 여성이다.

2. Tsunamis are very rare even in Japan, but the image is so vivid.
   쓰나미는 심지어 일본에서도 매우 드물지만, 그 이미지는 매우 생생하다.

3. You have the power to change your beliefs about yourself.
   너는 너 자신에 대한 너의 믿음을 변화시킬 바로 그 힘을 가지고 있다.

4. When he was a graduate student, he took a small robotics class.
   (그가) 대학원생이었을 때, 그는 소규모 로봇 공학 수업을 들었다.

5. Dr. Kahneman wrote an interesting book *Thinking Fast and Slow*.
   카네만 박사는 『생각에 관한 생각』이라는 흥미로운 책을 썼다.

6. The unsanitary environments lead to illness and disease.
   그 비위생적 환경이 아픔과 질병으로 이어진다.

7. Every participant in the Olympic Games wants a gold medal.
   올림픽 경기의 모든 참가자들은 금메달을 원한다.

8. He explained a step-by-step plan to build a better habit.
   그는 더 좋은 습관을 들이기 위한 단계적 계획을 설명했다.

9. Yesterday was an unforgettable day in my life.
   어제는 내 삶에서 잊을 수 없는 날이었다.

Answer: P. 297

Article
9장. 명사의 머리, 관사

Correct grammatical errors, if any, in the following sentences.

(만약 있다면) 다음 문장의 문법적 오류를 수정하세요.

---

1. Would you recommend book on English grammar?

    (너는) 영어 문법에 관한 책 한 권 추천해 주실래요?

2. Reward and punishment can be a effective method for students.

    보상과 처벌은 학생들에게 효과적인 방법일 수 있다.

3. First idea that comes to my mind is that I am so happy.

    나의 마음에 처음 든 생각은 내가 너무 행복하다는 것이다.

4. Korea signed a FTA with a USA in 2007.

    2007년 한국은 미국과의 자유무역협정(FTA)에 서명했다.

5. She was such the great sales-person in a past.

    그녀는 과거에 그렇게나 대단한 판매원이었다.

6. Do you remember graph in a previous page?

    (너는) 바로 앞 페이지의 그 그래프 기억하나요?

7. Any of us could have fallen into a traps.

    우리들 중 누구라도 함정에 빠질 수 있었다.

8. A French Revolution in 1789 was a watershed in world history.

    1789년 프랑스 대혁명은 세계사에 있어 하나의 분수령이었다.

9. A philosophy is a study on existence, reason, knowledge and value.

    철학은 존재, 이성, 지식 그리고 가치에 대한 학문이다.

Answer: P. 297

Article
9장. 명사의 머리, 관사

Correct grammatical errors, if any, in the following sentences.
(만약 있다면) 다음 문장의 문법적 오류를 수정하세요.

---

1. You can find the correct answer to question 1 on a next page.
   (너는) 질문 1에 대한 정답을 바로 다음 페이지에서 찾을 수 있다.

2. He acquired a wide range of a knowledge through various books.
   그는 다양한 책을 통해 폭넓은 지식을 얻었다.

3. People tend to hesitate at a very idea of rethinking.
   사람들은 재고라는 바로 그 생각에 주저하는 경향이 있다.

4. Nails on a blackboard is a most annoying sound in a world.
   손톱으로 칠판을 긁는 소리가 세상에서 가장 짜증나는 소리이다.

5. How about conducting a experiment on human behaviors?
   인간의 행동에 관한 실험을 수행하는 것이 어떨까요?

6. An free trade agreement is a effective tool to expand trade volume.
   자유무역협정은 무역량을 확대시키는 효과적인 도구이다.

7. A Charter of United Nations was signed on June 26, 1945.
   유엔헌장은 1945년 6월 26일 서명되었다.

8. Mom! Please bring me glass of cold water from refrigerator.
   엄마! 제발 냉장고에서 차가운 물 한 잔 저에게 주세요.

9. A World Bank is an organization to help a developing countries.
   세계은행은 개발도상국들을 도와주는 기구이다.

Agreement
10장. 문장의 수미일관, 일치

Fill in the blanks with appropriate words.
적절한 단어로 빈 칸을 채우세요.

---

1. A_____ means two words have the same grammatical form.
   일치란 두 단어가 똑같은 문법적 형태를 가지고 있음을 의미한다.

2. The f_____ of a word must agree with that of another word.
   한 단어의 기능이 다른 단어의 기능과 일치해야 한다.

3. Agreement must be maintained between w_____ in a sentence.
   한 문장 내에서 단어들 간에 일치가 유지되어야 한다.

4. C_____ must be maintained in a paragraph or a passage.
   한 문단 혹은 한 단락 내에서 일관성이 유지되어야 한다.

5. The s_____ must agree with the verb in a sentence.
   한 문장 내에서 주어는 동사와 일치해야 한다.

6. N_____ is the essence of the Subject-Verb agreement.
   수가 주어-동사 일치의 핵심이다.

7. The pronoun must agree with the a_____ noun.
   대명사는 선행 명사와 일치해야 한다.

8. The verb must agree with the a_____ of time in a sentence.
   한 문장 내에서 동사는 시간을 표현하는 부사와 일치해야 한다.

9. T_____ is the essence of the Verb-Adverb agreement.
   시제가 동사-부사 일치의 핵심이다.

Agreement
10장. 문장의 수미일관, 일치

Correct grammatical errors, if any, in the following sentences.
(만약 있다면) 다음 문장의 문법적 오류를 수정하세요.

---

1. They enthusiastically explained his ideas to friends.
   그들은 자신들의 생각을 친구들에게 열정적으로 설명했다.

2. The intelligence of parents are correlated with that of children.
   부모의 지능은 자녀의 지능과 연관되어 있다.

3. Until now, I always take the status *quo* for granted.
   지금까지, 나는 항상 현상(현재의 상황)을 당연하게 여겨왔다.

4. Curiosity is a fundamental human trait, so everyone are curious.
   호기심은 근본적인 인간의 특징이어서, 모든 사람은 호기심이 많다.

5. The Beatles make the Carnegie Hall debut on February 12, 1964.
   비틀스는 1964년 2월 12일 카네기 홀 무대에 처음 올랐다(데뷔했다).

6. Nothing are completely original under the sun.
   태양(하늘) 아래 완전하게 독창적인 것은 아무것도 없다.

7. Practice makes perfect, but they do not make new.
   연습이 완벽함을 만들지만, 새로움을 만들지는 않는다.

8. Only a fraction of gifted children becomes creative adults.
   영재 어린이들 중 단지 일부만 창의적인 어른이 된다.

9. My whole family moved to Austin, Texas in June next year.
   우리 가족 전체가 내년 6월에 텍사스 오스틴으로 이사갈 것이다.

Agreement
10장. 문장의 수미일관, 일치

Correct grammatical errors, if any, in the following sentences.
(만약 있다면) 다음 문장의 문법적 오류를 수정하세요.

---

1. At first, Michelangelo viewed herself as a sculptor not a painter.
   처음에, 미켈란젤로는 자기 자신을 화가가 아니라 조각가로 간주했다.

2. The last time you have an original idea, what did you do with them?
   너가 마지막으로 창의적인 생각을 가졌을 때, 너는 그것으로 무엇을 했니?

3. The number of world population are approximately 8 billion.
   세계 인구의 수는 거의 80억 명이다.

4. On March 11, 2020, COVID-19 will be declared as a pandemic.
   2020년 3월 11일 코로나는 팬데믹(세계적 유행병)으로 선언되었다.

5. Fossil fuels was composed of carbon and hydrogen.
   화석연료는 탄소와 수소로 구성되어 있다.

6. A large number of people still lives in extreme poverty.
   많은 수의 사람들이 여전히 극심한 빈곤 속에 살고 있다.

7. 85% of the candies was eaten, but only 10% of the milk were drunk.
   캔디는 85%를 먹었지만, 우유는 단지 10%만 마셨다.

8. I am waiting for your reply since last night.
   나는 어제 저녁부터 계속해서 너의 답변을 기다리고 있다.

9. The company has increased it's profits by 50% in the last quarter.
   그 회사는 지난 분기에 수익을 50% 올렸다.

Answer: P. 299

Agreement
10장. 문장의 수미일관, 일치

Correct grammatical errors, if any, in the following sentences.

(만약 있다면) 다음 문장의 문법적 오류를 수정하세요.

---

1. The dimensions of the Cosmos is too large to measure.

   우주의 규모는 측정하기에는 너무나도 크다.

2. Alexander wanted different races to live together in its empire.

   알렉산더는 자신의 제국에서 다른 인종들이 함께 살아가기를 원했다.

3. 15 kilometers are a long distance to walk.

   15 킬로미터는 걷기에는 먼 거리이다.

4. 60 kilograms are about 132 pounds.

   60 킬로그램은 약 132 파운드이다.

5. Catherine reads a variety of books after she enters a college.

   캐서린은 대학에 진학한 후에 다양한 책을 읽을 것이다.

6. As ages passed, people learned from his ancestors.

   세월이 지남에 따라, 사람들은 자신의 선조들로부터 배웠다.

7. The Thirty Years' War ended in 1648 changes the map of Europe.

   1648년에 끝난 30년 전쟁은 유럽의 지도를 바꾸었다.

8. Not only Tom but also his children likes to watch K-dramas.

   톰뿐만 아니라 그의 아이들도 한국 드라마 보는 것을 좋아한다.

9. Each of the students in the class talk about their favorite movie.

   그 반의 학생들 각자가 자신이 가장 좋아하는 영화에 대해 이야기한다.

Interjection
11장. 갑작스러운 감정의 표현, 감탄사

Fill in the blanks with appropriate words.
적절한 단어로 빈 칸을 채우세요.

---

1. An interjection is a word for a short sudden e_____ of e_____.
   감탄사는 갑작스러운 감정의 표현을 위한 단어이다.

2. The original meaning of an i_____ is to throw between words.
   감탄사의 본래 의미는 단어와 단어 사이에 던지는 것이다.

3. An interjection does not affect the b_____ s_____ of a sentence.
   감탄사는 문장의 기본 구조에 영향을 주지 않는다.

4. An interjection may be p_____ at any place in a sentence.
   감탄사는 한 문장 내 어떤 곳에라도 위치할 수 있다.

5. In principle, an interjection is used with an e_____ point.
   원칙적으로, 감탄사는 느낌표와 함께 사용된다.

6. Exclamation is weakened when a p_____ or c_____ is used instead.
   마침표 혹은 쉼표가 대신 사용될 때, 감탄은 약해진다.

7. The basic function of an interjection is the e_____ function.
   감탄사의 기본 (문법적) 기능은 감정 전달 기능이다.

8. Additionally, an interjection has the n___-e_____ function.
   추가적으로, 감탄사는 감정 전달 이외 기능도 가지고 있다.

9. An interjection may be used with a q_____ mark when asking.
   질문할 때는, 감탄사가 물음표와 함께 사용될 수도 있다.

Interjection
11장. 갑작스러운 감정의 표현, 감탄사

Underline interjections and explain their grammatical functions.
감탄사를 밑줄 치고, 그 문법적 기능을 설명하세요.

1. Damn! You are so stupid!
   빌어먹을! 너는 정말 멍청해!

2. Oh no, I failed the exam again!
   안 돼, 나 시험에 또 떨어졌어!

3. Hum, I am so bored with reading this book!
   흠! 나 이 책 읽는데 너무 지루해!

4. Ew! I don't like this spaghetti sauce!
   우! 나는 이 스파게티 소스 좋아하지 않아.

5. You will be appointed as the chairman, cheers!
   너가 의장으로 임명될 거야. 축하해!

6. Tut tut! I have expected much better of you!
   쯧쯧! 나는 너가 훨씬 더 나을 거라고 기대해 왔어!

7. Egads, you spilled the milk on my laptop!
   아이! 너 내 노트북 컴퓨터에 우유 쏟았어!

8. Yecch! I feel like throwing up because of your perfume!
   우웩! 너의 향수 때문에 나 토할 거 같아!

8. Dang! You insulted me again!
   제길! 너 나를 또 모욕했어!

Interjection
11장. 갑작스러운 감정의 표현, 감탄사

Underline interjections and explain their grammatical functions.
감탄사를 밑줄 치고, 그 문법적 기능을 설명하세요.

1. Boo! His voice sounds displeasing to me!

    우우! 그의 목소리는 나에게 불쾌하게 들려!

2. Hurrah, I am really happy to meet you again!

    후레이, 너를 다시 만나서 나는 정말 행복해!

3. Aah! I am not satisfied with your answer at all!

    아! 너의 답변에 나는 전혀 만족하지 않아!

4. Yikes, I am so scared of you!

    이키, 난 너가 너무 무서워!

5. Hmph! Your attitude and accent irritate me!

    흠! (에이!) 너의 태도와 말투가 나를 거슬리게 해!

6. Ow, I broke my leg!

    악, 다리가 부러졌어!

7. Yay! I made a hole in one again!

    앗싸! (야호!) 나 또 홀인원 했어!

8. Aha, I have found who broke the window!

    아하, 누가 창문을 깼는지를 찾았어!

9. Jeepers! What a surprise it is!

    어머나! 이 얼마나 놀라운지!

Interjection
11장. 갑작스러운 감정의 표현, 감탄사

Underline interjections and explain their grammatical functions.
감탄사를 밑줄 치고, 그 문법적 기능을 설명하세요.

---

1. Hello, nice to meet you!

   안녕, 만나서 반가워!

2. Psst! What time is it now?

   (작은 소리로 조용히) 저기요! 지금 몇 시에요?

3. Yes, his argument is quite controversial.

   맞아, 그의 주장은 매우 논쟁적이야.

4. Your performance is, er, a little bit different from my expectation.

   너의 실적은, 음, 나의 기대와는 조금 달라.

5. Boo, get out of here!

   우우, 썩 꺼져!

6. You must be here at 7 A.M. tomorrow, okay?

   너 내일 아침 7시에 여기 있어야 해. 알겠어?

7. You said Aiden stole my bicycle, correct?

   에이든이 내 자전거를 훔쳤다고 네가 말했지. 맞어?

8. Well, I don't agree with your opinion.

   글쎄, 나는 너의 의견에 동의하지 않아.

9. What I want to do is, like, to visit Yellowstone National Park.

   내가 하고 싶은 것은, 말하자면, 옐로스톤국립공원을 방문하는 것이야.

Conjunction
12장. 단어·구·절의 연결, 접속사

Fill in the blanks with appropriate words.
적절한 단어로 빈 칸을 채우세요.

---

1. A c_____ connects words, phrases or clauses in a sentence.
   접속사는 한 문장 내에서 단어와 단어, 구와 구 혹은 절과 절을 연결한다.

2. The original meaning of a c_____ is to join things together.
   접속사의 본래 의미는 무엇인가를 결합하는 것이다.

3. A c_____ conjunction connects words equal to each other.
   등위접속사는 서로에게 대등한(평등한) 단어와 단어를 연결한다.

4. There are only 7 c_____ conjunctions, so-called 'FANBOYS'.
   소위 'FANBOYS'라는 단지 7개의 등위접속사가 있다.

5. The term 'F_____' stands for "for, and, nor, but, or, yet, so".
   'FANBOYS'라는 용어는 'for, and, nor, but, or, yet, so'를 나타낸다.

6. S_____ conjunctions connect subordinate clauses with main ones.
   종속접속사는 종속절을 주절과 연결한다.

7. C___ conjunctions show how words are correlated with each other.
   상관접속사는 단어와 단어가 어떻게 서로 연관되어 있는지를 보여준다.

8. When a conjunction is used, p_____ must be maintained.
   접속사를 사용할 때, 균형성이 유지되어야 한다.

9. Parallelism in a sentence is called a parallel s_____ / c_____.
   한 문장에서의 균형성은 병렬구조 혹은 병렬구성이라고 불린다.

Conjunction
12장. 단어 · 구 · 절의 연결, 접속사

Highlight conjunctions and underline connected words.
접속사는 강조하고, 연결된 단어들은 밑줄 치세요.

1. South Korea and the United States are allies by blood.
   한국과 미국은 피로 맺어진 동맹(혈맹)이다.

2. Not only K-pop but also K-drama is a global trend.
   한국 대중음악뿐만 아니라 한국 드라마도 전세계적 트렌드이다.

3. It has been already 10 years since my father passed away.
   나의 아버지가 돌아가신 후 벌써 10년이 지났다.

4. Do you prefer staying at home alone or going out with me?
   너는 혼자 집에 있을래 아니면 나와 함께 나갈래?

5. I am still young, yet I am brave enough to fight against you.
   나는 아직 어리지만, 나는 너와 싸울 만큼 충분히 용감하다.

6. She smiled at me, so I smiled at her.
   그녀가 나에게 미소를 지어서, 나도 그녀에게 미소를 지었다.

7. He had hardly come home when he started to laugh loudly.
   그는 집에 들어오자마자 큰 소리로 웃었다.

8. Whenever I see you, I am so happy.
   내가 너를 볼 때마다, 나는 너무나 행복하다.

9. She has been so sad because her mother got COVID-19.
   그녀의 어머니가 코로나에 걸렸기 때문에, 그녀는 너무 슬펐다.

Conjunction
12장. 단어 · 구 · 절의 연결, 접속사

Correct grammatical errors, if any, in the following sentences.
(만약 있다면) 다음 문장의 문법적 오류를 수정하세요.

---

1. He went to the library. But she went to the cafe.

   그는 도서관에 갔지만, 그녀는 카페에 갔다

2. He travelled across Europe. And he visited North America.

   그는 유럽을 가로질러 여행했고, 그는 북미를 방문했다.

3. I have not decided yet whether to buy this book and not.

   나는 이 책을 구매할지 혹은 구매하지 않을지 아직 결정하지 않았다.

4. Both singing and to dance are my favorite hobbies.

   노래하고 춤추는 것 둘 다 내가 가장 좋아하는 취미이다.

5. My mother likes neither bananas or apples.

   나의 어머니는 바나나도 사과도 좋아하지 않는다.

6. I plan to visit Tokyo as the summer vacation begins.

   여름 방학이 시작하자마자, 나는 도쿄를 방문할 계획이다.

7. She got up late today despite she had gone to bed early last night.

   어제 밤에 일찍 잠자리에 들었음에도 불구하고, 그는 오늘 늦게 일어났다.

8. You may stay here that you want.

   (너가) 원하는 만큼 오랫 동안, 너는 여기에 머물러도 된다.

9. Although this building is restored, it will be used as a museum.

   이 건물이 복원 되면, 이것은 박물관으로 사용될 것이다.

Conjunction
12장. 단어 · 구 · 절의 연결, 접속사

Correct grammatical errors, if any, in the following sentences.

(만약 있다면) 다음 문장의 문법적 오류를 수정하세요.

---

1. All Joe and Jane have already read this book twice.

   조도 제인도 둘 다 이 책을 벌써 2번 읽었다.

2. Either you and Olivia will be promoted to the Vice President.

   너 아니면 올리비아가 부사장으로 승진할 것이다.

3. To be or I should not be is the question.

   사느냐 죽느냐 그것이 문제이다.

4. I want to buy a white shirt and a tie which is red.

   나는 흰색 셔츠와 빨간색 넥타이를 구매하고 싶다.

5. What you need to do is just eat, love or to pray.

   네가 해야 할 것은 단지 먹고, 사랑하고 혹은 기도하는 것이다.

6. Health is much more important than being intelligent.

   건강이 지능보다 훨씬 더 중요하다.

7. You are likely to get lung cancer if you stop smoking.

   만약 네가 담배를 끊지 않는다면, 너는 폐암에 걸릴 가능성이 있다.

8. No sooner had she seen me on the street that she cried out.

   (그녀는) 길에서 나를 보자마자, 그녀는 비명을 질렀다.

9. If you are rich or not is not important to me.

   네가 부유한지 그렇지 않은지는 나에게 중요하지 않다.

부록2-2
답안지

ANSWER SHEET

GRAMMAR

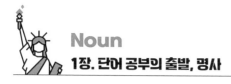

Noun
1장. 단어 공부의 출발, 명사

Question: P. 228

1. A word is a single unit of language that means something.

2. Grammar is a set of rules to combine words into a sentence.

3. A sentence is a set of words, containing a subject and a verb.

4. Pay attention to both the meaning and the function of each word.

5. A noun is a word which refers to a person, a thing or a quality.

6. The essential function of a noun is its countability.

7. A countable noun has its singular and plural forms.

8. An uncountable noun cannot be expressed in a plural form.

9. A collective noun is a name for a collection of people or things.

Question: P. 229

1. A book is like a journey.

2. Love is such a powerful force.

3. A school is an institution to educate children.

4. Steve Jobs was an inventor, designer and entrepreneur.

5. John Harvard was a major benefactor of Harvard University.

6. Conscience is a personal awareness of right and wrong.

7. A primary purpose of the UN is to maintain international peace.

8. Liberalism is a political philosophy based on individual liberty.

9. Abraham Lincoln issued the Emancipation Proclamation in 1863.

Question: P. 230

1. Adriel, Carter, Boy, Everett, Jacob, Lucas

2. Emma, Sophia, Isabella, Amelia, Girl, Evelyn

3. Steve Jobs, Bill Gates, Mark Zukerberg, Entrepreneur

4. Harvard, Yale, Princeton, University, Oxford, Cambridge

5. Samsung, Apple, Tesla, Company, Google, Netflix, Microsoft

6. Korea, Japan, United States, Country, China, Germany

7. Table, Furniture, Desk, Bed, Chair, Dresser

8. Consistency, Accuracy, Originality, Conciseness, Book

9. Happiness, Friend, Bravery, Friendship, Knowledge

Question: P. 231

1. There are a lot of children in the playground.

2. Love is the feeling that makes you feel alive.

3. Knowledge is power.

4. Education is the premise of progress in every society.

5. The police are patrolling the area.

6. The criminal was arrested by a police officer.

7. William Shakespeare wrote 17 comedies and 10 history plays.

8. Nikola Tesla was granted in total 116 patents for his inventions.

9. Robert Frost is a poet, who wrote "The Road Not Taken".

Verb
2장. 영어 문장의 뼈대, 동사

Question: P. 232

1. A <u>verb</u> is a word that refers to action, state or experience.

2. The original meaning of a <u>verb</u> is a word that asserts or declares.

3. A <u>phrasal</u> verb combines a verb with an adverb or a preposition.

4. A <u>phrasal</u> verb has a new meaning different from the verb.

5. The essential function of a verb is to <u>predicate</u>.

6. A <u>predicate</u> is an element of a sentence containing a verb.

7. In principle, a verb is used as a <u>predicate</u> in a sentence.

8. <u>Transitive</u> verbs require an object, but <u>intransitive</u> verbs do not.

9. <u>Incomplete</u> verbs require a complement, but <u>complete</u> verbs do not.

Question: P. 233

1. My husband <u>snored so loudly last night</u>.

2. I <u>jog around the neighborhood early in the morning</u>.

3. In general, grandiose people <u>are big talkers</u>.

4. Negotiation <u>is a dialogue to reach a desired outcome</u>.

5. Jonathan <u>washed the dishes after lunch</u>.

6. Andrew Carnegie <u>donated $350 million during his lifetime</u>.

7. Science <u>holds an answer to our question</u>.

8. Alex <u>sent me a long message to say goodbye</u>.

9. I <u>saw Ariana Grande singing and dancing in a concert</u>.

280

Question: P. 234

1. He <u>lied</u> down for an hour to recover from fatigue.

He <u>laid himself</u> down for an hour to recover from fatigue.

2. As a single mom, she <u>raised</u> 2 daughters and 1 son.

3. Last night, a robber <u>entered</u> my office.

4. Diana <u>discussed</u> the plan with her parents.

5. I borrowed <u>this book from my friend</u>.

6. A band of 500 Puritans <u>founded</u> Yale University in 1638.

7. She <u>told</u> me that grammar is her favorite subject.

She <u>said to</u> me that grammar is her favorite subject.

8. Please <u>seat</u> yourself on the chair.

Please <u>sit on</u> the chair.

9. My aunt <u>speaks of</u> the good memories of her childhood.

Question: P. 235

1. Elizabeth <u>asked for</u> the permission to launch a new project.

2. A bad strategy <u>brings about</u> a bad result.

3. <u>Cut down</u> the overall spending on hobbies.

4. In general, I <u>fall in with</u> your opinion.

5. Finally, I <u>got over</u> COVID-19.

6. He <u>held back</u> his tears and tried to smile.

7. Never <u>look down</u> on immigrant workers.

8. Last year, my grandfather <u>passed away</u> unexpectedly.

9. Jane <u>turned down</u> Joe's invitation to the party.

Adjective
3장. 명사에 의미 더하기, 형용사

Question: P. 236

1. An <u>adjective</u> is a word that describes a noun or a pronoun.

2. The original meaning of an <u>adjective</u> is a word 'added to' a noun.

3. Attributive usage of adjectives is to <u>modify</u> a noun.

4. As a <u>modifier</u>, an adjective adds a meaning to a noun.

5. A <u>noun phrase</u> is made when an adjective is used with a noun.

6. Predicative usage of adjectives is to <u>complete</u> an incomplete verb.

7. As <u>subject</u> complements, the adjectives add meanings to subjects.

8. As <u>object</u> complements, the adjectives add meanings to objects.

9. In principle, an adjective adds a <u>meaning</u> to a noun in a sentence.

Question: P. 237

1. Grammar is an <u>interesting</u> subject.

2. The bread tastes really <u>good</u>.

3. New York City is <u>known</u> as the city that never sleeps.

4. The <u>current</u> situation of climate change is so <u>serious</u>.

5. My girlfriend always makes me <u>happy</u>.

6. I feel <u>sorry</u> for <u>poor</u> children who are suffering from COVID-19.

7. My daughter painted the <u>brand-new</u> chair <u>black</u>.

8. AI (<u>artificial</u> intelligence) will never be <u>tired</u>, <u>hungry</u> or <u>sick</u>.

9. Indonesia is the <u>biggest</u> archipelago in the world.

Question: P. 238

1. Yesterday, David looked <u>happy</u> at his birthday party.

2. Fresh salmon never smells <u>fishy</u>.

3. Please, tell me <u>anything strange</u>.

4. Would you recommend <u>someone intelligent</u> to me?

5. This building is as <u>old</u> as my grandmother.

6. You are <u>more beautiful</u> than I imagined.

7. The <u>oldest</u> language in the world is Sanskrit.

8. China is the most <u>populous</u> country in the world.

9. The population of the USA is <u>smaller</u> than that of India.

Question: P. 239

1. Religious fanaticism is <u>worse</u> than a nuclear bomb.

2. Please, contact us for <u>further</u> information.

3. Neptune is <u>the farthest</u> planet in our solar system.

4. Last night, I enjoyed <u>live</u> music in a park near my home.

5. Tom is 5 years <u>senior to</u> John.

6. In terms of performance, my boss is <u>inferior to</u> me.

7. My solution to the problem is <u>preferable to</u> yours.

8. *Pachinko*, a TV drama series, is <u>worth</u> watching more than once.
   Pachinko, a TV drama series, is <u>worthy of</u> watching more than once.

9. My friend Tom is <u>older</u> than my sister Liz.

Adverb
4장. 동사에 의미 더하기, 부사

Question: P. 240

1. An adverb is a word that describes a verb, an adjective or an adverb.

2. The original meaning of an adverb is a word 'added to' a verb.

3. Adverbs do not affect the basic structure of a sentence at all.

4. As a modifier, an adverb adds a meaning to a verb.

5. As a modifier, an adverb adds a meaning to an adjective.

6. As a modifier, an adverb adds a meaning to another adverb.

7. As a modifier, an adverb adds a meaning to an entire sentence.

8. An adverb that describes an entire statement is a sentence adverb.

9. An adverbial phrase is a group of words that behaves as an adverb.

Question: P. 241

1. My father runs fast, but my mother walks slowly.

2. All the students laughed loudly, when Joe made a joke.

3. The movie is really touching.

4. He is in an extremely happy and joyful situation.

5. My brother, Joe, runs so fast.

6. Professor Huntington gives us a quiz almost daily.

7. Fortunately, no one was hurt.

8. Surprisingly, Fred declined the job offer from Microsoft.

9. My sister, Joan, got up early yesterday at home.

Question: P. 242

1. Yesterday, my mother made a cake really <u>fast</u>.

2. They did not go <u>far</u>.

3. The global human population is <u>approximately</u> 8 billion.

4. Sam is <u>nearly</u> always late.

5. Joe and Jane spoke <u>frequently</u> on the phone.

6. All BTS members sing and dance <u>expertly</u>.

7. A famous plastic surgeon rebuilt his broken nose <u>successfully</u>.

8. Professor Hamilton <u>hardly</u> ever go to concerts.

9. <u>Usually</u>, children like to visit the zoo.

Question: P. 243

1. Half of the people invited to the party showed up <u>late</u>.

2. <u>Lately</u>, I have been feeling much better.

3. Min Jin LEE, who wrote *Pachinko*, is <u>highly</u> respected as a novelist.

4. I used to live with my friend, but now I live <u>alone</u>.

5. James analyzed the situation very <u>closely</u>.

6. He took a <u>lowly</u> job in a small restaurant to take care of family.

7. From the subway station, my house is very <u>near</u>.

8. She has worked <u>hard</u> in order to be a successful entrepreneur.

9. Today, I am <u>too</u> sick to attend school.

Pronoun
5장. 명사의 대체, 대명사

Question: P. 244

1. A pronoun is a word that is used instead of a noun (phrase).

2. A pronoun must agree with the antecedent or antecedent noun.

3. Forms of pronouns vary depending on person, number, case, gender.

4. A personal pronoun is a word that refers to a person.

5. Pronoun 'It' is used as a dummy subject without adding a meaning.

6. A reflexive pronoun refers back to the subject of a sentence.

7. A relative pronoun introduces two kinds of relative clauses.

8. A defining relative clause is a modifier for the antecedent.

9. A non-defining relative clause means 'conjunction + pronoun'.

Question: P. 245

1. Yesterday, Jane ate 5 slices of pizza. It was her cheat day.

2. Joel asked Maria where she bought her new laptop.

3. Joe and Jane live together, but they are not married.

4. You really have to know yourself and accept your own limits.

5. I want to tell the story to anyone who would listen.

6. Adam Smith wrote a book whose title is *The Wealth of Nations*.

7. It was already after midnight when I went to bed.

8. It is not difficult to master English grammar.

9. I found it necessary to socialize with locals in a foreign country.

Question: P. 246

1. Rebecca, who is Jacob's mother, works as a librarian.

2. My uncle bought Tesla Model S which is my dream car.

3. *Emile*, whose author is Rousseau, is a famous classic on education.

4. This is Sam Smith's song 'Stay with Me' which I really like.

   This is Sam Smith's song 'Stay with Me' that I really like.

5. Alexander was tutored by a great philosopher, who was Aristotle.

6. Simply speaking, what Jesus taught us is to love one another.

7. Some people will be late, but many will not.

8. None of them are fully prepared for the mid-term.

9. She must be a foreigner, as is evident from her accent.

   She must be a foreigner, which is evident from her accent.

Question: P. 247

1. During the next week, both of them will work from home.

2. There is no one but agrees to your opinion on this issue.

3. Neither the black one nor the white one is available in size 5.

4. Each of the stories in this book is written by a different author.

5. Any of them have not arrived on time.

6. Romeo and Juliet's love for each other was hot but not mature.

7. Joe will buy the same book as Jane already read last week.

8. Much has changed since he left the town.

9. All happy families are like one another.

Preposition
6장. 명사의 단짝, 전치사

Question: P. 248

1. A preposition is a word that is used before a noun or a pronoun.

2. The original meaning of a preposition is a word before a noun.

3. A noun may be considered an object of the previous preposition.

4. A noun phrase also can be used after a preposition.

5. After a preposition, a verb must change its form into a gerund.

6. In case of 'To Infinitive', 'To' is called as an infinitive marker.

7. Sometimes, 'To' is used as a preposition not an infinitive marker.

8. When used as a preposition, 'To' must have a noun as its object.

9. 'After' and 'Before' are used as either prepositions or conjunctions.

Question: P. 249

1. Joe intends to buy a brand-new smartphone for Jane.

2. This is Professor Kim for whom I am doing some research now.

3. I have been waiting for your answer since last Friday.

4. The conference is scheduled to begin at 10:30 AM on August 10.

5. Look at him with whom Jane dances in the main hall.

6. The Statute of Liberty is a sculpture on Liberty Island in NYC.

7. Upon entering the office, he shouted loudly to someone.

8. She is looking forward to starting a new business.

9. Social distancing is a safety precaution before being vaccinated.

Question: P. 250

1. Burj Khalifa (828 m.) in Dubai is the tallest building in the world.

2. On this weekend, I plan to visit the national museum with friends.

3. Artificial Intelligence (AI) is a game-changer in the 21st century.

4. World War II broke out on September 1, 1939.

5. During the summer vacation, I visited Machu Picchu in Peru.

6. Early in the morning, my dad jogs in the neighborhood.

7. Yesterday, I was so depressed. However, at present, I am ok.

8. Jane's new office is located on Wall Street, New York City.

9. My grandmother used to be a beautiful young girl in the past.

Question: P. 251

1. Bill strongly objected to postponing the board meeting.

2. Sadly, I gained some weight during staying at home.

3. A circular saw is the most popular tool for cutting wood.

4. I am still not accustomed to being rejected.

5. He intended to run for the next presidential election.

6. Thomas is looking forward to trekking in the Himalayas.

7. The purpose of reading a book is to converse with the author.

8. After completing this course, you are eligible to join the association.

9. Mother Teresa devoted herself to caring for the poor and the sick.

Verbal
7장. 동사 기능의 변화, 동사변형

Question: P. 252

1. A verbal is a form of a verb used as an adjective, adverb or noun.

2. A verbal is a verb disguised as an adjective, adverb or noun.

3. A verbal refers to infinitive, participle or gerund.

4. Infinitive is the basic form of a verb that usually follows 'to'.

5. As a verbal, the function of infinitive is a noun, adjective or adverb.

6. Participle is the form of a verb that usually ends in 'ed' or 'ing'.

7. As a verbal, the function of participle is an adjective.

8. Gerund is the form of a verb that ends in 'ing'.

9. As a verbal, the function of gerund is a noun.

Question: P. 253

1. We need more money to reach the goal within this year.
   동사 → 부정사 (부사 / 수식어), Infinitive (Adverb / Modifier)

2. Understanding cultural difference is essential for multiculturalism.
   동사 → 동명사 (명사 / 주어), Gerund (Noun / Subject)

3. People have a tendency to divide the world into 'us' and 'them'.
   동사 → 부정사 (형용사 / 수식어), Infinitive (Adjective / Modifier)

4. Those who are domineering are often intolerant of dissent.
   동사 → 현재분사 (형용사 / 보어), Present Participle (Adjective / Complement)

5. He is really good at manipulating people around him.
   동사 → 동명사 (명사 / 목적어), Gerund (Noun / Object)

6. To bear arms is a constitutional right for Americans.
   동사 → 부정사 (명사 / 주어), Infinitive (Noun / Subject)

7. The <u>purchasing</u> power of the <u>working</u> people has declined.

   동사 → 현재분사 (형용사 / 수식어), Present Participle (Adjective / Modifier)

8. The benchmark interest rate was <u>raised</u> by the U.S. Federal Reserve.

   동사 → 과거분사 (형용사 / 보어), Past Participle (Adjective / Complement)

9. I want <u>to master</u> English grammar with the help of this book.

   동사 → 부정사 (명사 / 목적어), Infinitive (Noun / Object)

Question: P. 254

1. I vividly remember <u>meeting</u> her last year.

2. Do you mind <u>staying</u> in this hotel?

3. Dr. Rosling refused <u>to give</u> a comment on my question.

4. Brandon denied <u>telling</u> the secret to his wife.

5. He had his secretary <u>make</u> a reservation for dinner.

6. I heard Jane <u>play</u> the piano this morning.

   I heard Jane <u>playing</u> the piano this morning.

7. Please avoid <u>eating</u> snacks between meals to be in good shape.

8. I really enjoyed <u>watching</u> the MLB All-Star Game last night.

9. The company decided <u>to recruit</u> a new CTO.

Question: P. 255

1. <u>Tired</u> from work, my dad went to bed early.

2. He was highly rewarded for his <u>outstanding</u> performance.

3. Extremely <u>disappointed</u> in her love, she decided to be a nun.

4. They have done their own best with <u>limited</u> resources.

5. Average wages for <u>experienced</u> workers are rapidly rising.

6. He gave the police a <u>detailed</u> description about the suspect.

7. Generally <u>speaking</u>, in Korea, the summers are so muggy.

8. Being hungry after jogging, <u>I devoured a sandwich</u>.

9. <u>When I was walking in the hallway</u>, the fire alarm went off.

Auxiliary Verb
8장. 동사에 기능 더하기, 조동사

Question: P. 256

1. Information on tense, mood or voice is given by auxiliary verbs.

2. Verbs are categorized into lexical verbs and auxiliary verbs.

3. Lexical verbs are grouped into action verbs and linking verbs.

4. Auxiliary verbs are grouped into modal verbs and non-modal verbs.

5. Modality refers to the meaning expressed by modal verbs.

6. Tense is a form of a verb which shows when an action happened.

7. Conditional mood shows that a verb expresses realistic conditions.

8. Subjunctive mood shows that a verb expresses unreal possibilities.

9. Voice shows the relation b/w the subject and the action of a verb.

Question: P. 257

1. This book can be divided into 3 parts and 12 chapters.
   단순현재시제, 직설법, 수동태 / Present Simple Tense, Indicative Mood, Passive Voice

2. When did Edwin Hubble discover the expanding universe?
   단순과거시제, 의문법, 능동태 / Past Simple Tense, Interrogative Mood, Active Voice

3. Always do your best in everything.
   단순현재시제, 명령법, 능동태 / Present Simple Tense, Imperative Mood, Active Voice

4. Have you ever heard of the Emancipation Proclamation?
   현재완료시제, 의문법, 능동태 / Present Perfect Tense, Interrogative Mood, Active Voice

5. Nelson Mandela will be always remembered as a symbol of liberty.
   단순미래시제, 직설법, 수동태 / Future Simple Tense, Indicative Mood, Passive Voice

6. If the weather is good, we will go on a picnic tomorrow.
   단순미래시제, 조건법, 능동태 / Future Simple Tense, Conditional Mood, Active Voice

7. If I were you, I would feel the same way as you.

단순현재시제, 가정법, 능동태 / Present Simple Tense, Subjunctive Mood, Active Voice

8. If you had worked hard, you could have succeeded.

단순과거시제, 가정법, 능동태 / Past Simple Tense, Subjunctive Mood, Active Voice

9. If you had run every day, you would be in good shape now.

혼합시제, 가정법, 능동태 / Mixed Tense, Subjunctive Mood, Active Voice

Question: P. 258

1. Could you do me a favor?

2. Until now, I have not had any eureka experience.

3. My mountain bike cannot be repaired in this store.

4. Are you satisfied with the result of the presidential election?

5. They have been playing golf since 2 P.M.

6. Last year, I learned behavioral economics from Dr. Kahneman.

7. Once upon a time, she used to play with a Barbie doll.

8. Ten people were killed in a drive-by shooting last night.

9. My life is filled with light, humor, love and joy.

Question: P. 259

1. You insisted that I hire someone to help.

You insisted that I should hire someone to help.

2. It is advisable that we avoid excessive exposure to the sun.

It is advisable that we should avoid excessive exposure to the sun.

3. If I had studied hard, I would have passed the test last year.

Had I <u>studied</u> hard, I <u>would have passed</u> the test last year.

4. <u>Had</u> I <u>known</u> the fact, I <u>would have rejected</u> the proposal yesterday.

<u>If</u> I <u>had known</u> the fact, I <u>would have rejected</u> the proposal yesterday.

5. I wish I <u>had been</u> more diligent in my childhood.

6. If he <u>were</u> good at statistics, he <u>could</u> solve the problem now.

<u>Were</u> he good at statistics, he <u>could</u> solve the problem now.

7. <u>Did</u> she know his secret, she <u>would</u> not marry him.

<u>If</u> she <u>knew</u> his secret, she <u>would</u> not marry him.

8. If I <u>were</u> Son Heung-min, I <u>would</u> be the best football player.

<u>Were</u> I Son Heung-min, I <u>would</u> be the best football player.

9. If I <u>had done</u> the homework last night, I <u>would</u> feel better now.

<u>Had</u> I <u>done</u> the homework last night, I <u>would</u> feel better now.

Article
9장. 명사의 머리, 관사

Question: P. 260

1. An article refers to any of the English words 'a', 'an' and 'the'.

2. The original meaning of an article is a joint with a noun.

3. Definite article 'the' is used before the noun which is defined.

4. Indefinite article 'a(n)' is used before a noun which is not defined.

5. To be defined is distinctively different from to be modified.

6. If the noun is uncountable, indefinite article 'a(n)' cannot be used.

7. If the noun is countable and plural, 'a(n)' cannot be used.

8. Indefinite article 'a' is used before a consonant-pronunciation.

9. Indefinite article 'an' is used before a vowel-pronunciation.

Question: P. 261

1. She is a gentle, beautiful, young and tall lady.

2. Tsunamis are very rare even in Japan, but the image is so vivid.

3. You have the power to change your beliefs about yourself.

4. When he was a graduate student, he took a small robotics class.

5. Dr. Kahneman wrote an interesting book *Thinking Fast and Slow*.

6. The unsanitary environments lead to illness and disease.

7. Every participant in the Olympic Games wants a gold medal.

8. He explained a step-by-step plan to build a better habit.

9. Yesterday was an unforgettable day in my life.

Question: P. 262

1. Would you recommend a book on English grammar?

2. Reward and punishment can be an effective method for students.

3. The first idea that comes to my mind is that I am so happy.

4. Korea signed an FTA with the USA in 2007.

   Korea signed the FTA with the USA in 2007.

5. She was such a great sales-person in the past.

6. Do you remember a graph in the previous page?

   Do you remember the graph in the previous page?

7. Any of us could have fallen into a trap.

   Any of us could have fallen into traps.

8. The French Revolution in 1789 was a watershed in world history.

9. Philosophy is a study on existence, reason, knowledge and value.

Question: P. 263

1. You can find the correct answer to question 1 on the next page.

2. He acquired a wide range of knowledge through various books.

3. People tend to hesitate at the very idea of rethinking.

4. Nails on a blackboard is the most annoying sound in the world.

5. How about conducting an experiment on human behaviors?

6. A free trade agreement is an effective tool to expand trade volume.

7. The Charter of the United Nations was signed on June 26, 1945.

8. Mom! Please bring me a glass of cold water from the refrigerator.

9. The World Bank is an organization to help developing countries.

Agreement
10장. 문장의 수미일관, 일치

Question: P. 264

1. Agreement means two words have the same grammatical form.

2. The function of a word must agree with that of another word.

3. Agreement must be maintained between words in a sentence.

4. Consistency must be maintained in a paragraph or a passage.

5. The subject must agree with the verb in a sentence.

6. Number is the essence of the Subject-Verb agreement.

7. The pronoun must agree with the antecedent noun.

8. The verb must agree with the adverb of time in a sentence.

9. Tense is the essence of the Verb-Adverb agreement.

Question: P. 265

1. They enthusiastically explained their ideas to friends.

2. The intelligence of parents is correlated with that of children.

3. Until now, I have always taken the status *quo* for granted.

4. Curiosity is a fundamental human trait, so everyone is curious.
   Curiosity is a fundamental human trait, so all are curious.

5. The Beatles made the Carnegie Hall debut on February 12, 1964.

6. Nothing is completely original under the sun.

7. Practice makes perfect, but it does not make new.

8. Only a fraction of gifted children become creative adults.

9. My whole family will move to Austin, Texas in June next year.

Question: P. 266

1. At first, <u>Michelangelo</u> viewed <u>himself</u> as a sculptor not a painter.

2. <u>The last time</u> you <u>had</u> an original idea, what did you do with it?

3. <u>The number</u> of world population <u>is</u> approximately 8 billion.

4. <u>On March 11, 2020</u>, COVID-19 <u>was</u> declared as a pandemic.

5. <u>Fossil fuels</u> <u>are</u> composed of carbon and hydrogen.

6. <u>A large number of people</u> still <u>live</u> in extreme poverty.

7. <u>85% of the candies</u> <u>were</u> eaten, but only <u>10% of the milk</u> <u>was</u> drunk.

8. I <u>have been waiting</u> for your reply <u>since last night</u>.

9. <u>The company</u> increased <u>its</u> profits by 50% <u>in the last quarter</u>.

Question: P. 267

1. The <u>dimensions</u> of the Cosmos <u>are</u> too large to measure.

   The <u>dimension</u> of the Cosmos <u>is</u> too large to measure.

2. <u>Alexander</u> wanted different races to live together in <u>his</u> empire.

3. <u>15 kilometers</u> <u>is</u> a long distance to walk.

4. <u>60 kilograms</u> <u>is</u> about 132 pounds.

5. Catherine <u>will read</u> a variety of books <u>after she enters a college</u>.

6. As ages passed, <u>people</u> learned from <u>their</u> ancestors.

7. The Thirty Years' War ended <u>in 1648</u> <u>changed</u> the map of Europe.

8. Not only Tom but also <u>his children</u> <u>like</u> to watch K-dramas.

9. <u>Each</u> of the students in the class <u>talks</u> about <u>his/her</u> favorite movie.

Interjection
11장. 갑작스러운 감정의 표현, 감탄사

Question: P. 268

1. An interjection is a word for a short sudden expression of emotion.
2. The original meaning of an interjection is to throw between words.
3. An interjection does not affect the basic structure of a sentence.
4. An interjection may be positioned at any place in a sentence.
5. In principle, an interjection is used with an exclamation point.
6. Exclamation is weakened when a period or comma is used instead.
7. The basic function of an interjection is the emotive function.
8. Additionally, an interjection has the non-emotive function.
9. An interjection may be used with a question mark when asking.

Question: P. 269

1. Damn! You are so stupid!

    감정 전달 기능: 분노 / Emotive Function: Anger

2. Oh no, I failed the exam again!

    감정 전달 기능: 실망 / Emotive Function: Dismay

3. Hum, I am so bored with reading this book!

    감정 전달 기능: 지루함 / Emotive Function: Boredom

4. Ew! I don't like this spaghetti sauce!

    감정 전달 기능: 역겨움 / Emotive Function: Disgust

5. You will be appointed as the chairman, cheers!

    감정 전달 기능: 축하 / Emotive Function: Congratulation

6. Tut tut! I have expected much better of you!

    감정 전달 기능: 못마땅함 / Emotive Function: Disapproval

7. <u>Egads</u>, you spilled the milk on my laptop!

　감정 전달 기능: 분노 / Emotive Function: Anger

8. <u>Yecch</u>! I feel like throwing up because of your perfume!

　감정 전달 기능: 역겨움 / Emotive Function: Disgust

9. <u>Dang</u>! You insulted me again!

　감정 전달 기능: 분노 / Emotive Function: Anger

Question: P. 270

1. <u>Boo</u>! His voice sounds displeasing to me!

　감정 전달 기능: 불쾌함 / Emotive Function: Displeasure

2. <u>Hurrah</u>, I am really happy to meet you again!

　감정 전달 기능: 기쁨, 환희 / Emotive Function: Joy

3. <u>Aah</u>! I am not satisfied with your answer at all!

　감정 전달 기능: 불만 / Emotive Function: Dissatisfaction

4. <u>Yikes</u>, I am so scared of you!

　감정 전달 기능: 두려움, 무서움 / Emotive Function: Fear

5. <u>Hmph</u>! Your attitude and accent irritate me!

　감정 전달 기능: 짜증, 거슬림 / Emotive Function: Irritation

6. <u>Ow</u>, I broke my leg!

　감정 전달 기능: 아픔, 고통 / Emotive Function: Pain

7. <u>Yay</u>! I made a hole in one again!

　감정 전달 기능: 즐거움, 쾌락 / Emotive Function: Pleasure

8. <u>Aha</u>, I have found who broke the window!

　감정 전달 기능: 깨달음, 자각 / Emotive Function: Realization

9. <u>Jeepers</u>! What a surprise it is!

    감정 전달 기능: 놀라움 / Emotive Function: Surprise

Question: P. 271

1. <u>Hello</u>, nice to meet you!

    감정 전달 이외 기능: 인사하기 / Non-emotive Function: Greeting

2. <u>Psst</u>! What time is it now?

    감정 전달 이외 기능: 주목 끌기 / Non-emotive Function: Drawing Attention

3. <u>Yes</u>, his argument is quite controversial.

    감정 전달 이외 기능: 문장 소개하기 / Non-emotive Function: Introducing a Sentence

4. Your performance is, <u>er</u>, a little bit different from my expectation.

    감정 전달 이외 기능: 멈추기 / Non-emotive Function: Pausing

5. <u>Boo</u>, get out of here!

    감정 전달 이외 기능: 요구하기 / Non-emotive Function: Demanding

6. You must be here at 7 A.M. tomorrow, <u>okay</u>?

    감정 전달 이외 기능: 반응 기대하기 / Non-emotive Function: Expecting a Response

7. You said Aiden stole my bicycle, <u>correct</u>?

    감정 전달 이외 기능: 질문하기 / Non-emotive Function: Asking a Question

8. <u>Well</u>, I don't agree with your opinion.

    감정 전달 이외 기능: 문장 소개하기 / Non-emotive Function: Introducing a Sentence

9. What I want to do is, <u>like</u>, to visit Yellowstone National Park.

    감정 전달 이외 기능: 멈추기 / Non-emotive Function: Pausing

Conjunction
12장. 단어·구·절의 연결, 접속사

Question: P. 272

1. A <u>conjunction</u> connects words, phrases or clauses in a sentence.

2. The original meaning of a <u>conjunction</u> is to join things together.

3. A <u>coordinating</u> conjunction connects words equal to each other.

4. There are only 7 <u>coordinating</u> conjunctions, so-called 'FANBOYS'.

5. The term '<u>FANBOYS</u>' stands for "for, and, nor, but, or, yet, so".

6. <u>Subordinating</u> conjunctions connect subordinate clauses with main ones.

7. <u>Correlative</u> conjunctions show how words are correlated with each other.

8. When a conjunction is used, <u>parallelism</u> must be maintained.

9. Parallelism in a sentence is called a parallel <u>structure/construction</u>.

Question: P. 273

1. <u>South Korea</u> and <u>the United States</u> are allies by blood.

2. Not only <u>K-pop</u> but also <u>K-drama</u> is a global trend.

3. <u>It has been already 10 years</u> since <u>my father passed away</u>.

4. Do you prefer <u>staying at home alone</u> or <u>going out with me</u>?

5. <u>I am still young</u>, yet <u>I am brave enough to fight against you</u>.

6. <u>She smiled at me</u>, so <u>I smiled at her</u>.

7. <u>He had hardly come home</u> when <u>he started to laugh loudly</u>.

8. Whenever <u>I see you</u>, <u>I am so happy</u>.

9. <u>She has been so sad</u> because <u>her mother got COVID-19</u>.

Question: P. 274

1. He went to the library, but she went to the cafe.

   He went to the library. However, she went to the cafe.

   He went to the library. In contrast, she went to the cafe.

2. He travelled across Europe, and he visited North America.

   He travelled across Europe. In addition, he visited North America.

   He travelled across Europe. Then, he visited North America.

3. I have not decided yet whether to buy this book or not.

4. Both singing and dancing are my favorite hobbies.

   Both to sing and to dance are my favorite hobbies.

5. My mother likes neither bananas nor apples.

6. I plan to visit Tokyo as soon as the summer vacation begins.

7. She got up late today even though she had gone to bed early last night.

8. You may stay here as long as you want.

9. When this building is restored, it will be used as a museum.

   If this building is restored, it will be used as a museum.

Question: P. 275

1. Both Joe and Jane have already read this book twice.

2. Either you or Olivia will be promoted to the Vice President.

3. To be or not to be is the question.

   I should be or I should not be is the question

4. I want to buy a white shirt and a red tie.

   I want to buy a shirt which is white and a tie which is red.

5. What you need to do is just eat, love or <u>pray</u>.

What you need to do is just <u>to eat, to love</u>, or to pray.

What you need to do is just <u>eating, loving, or praying</u>.

6. Health is much more important than <u>intelligence</u>.

<u>Being healthy</u> is much more important than being intelligent.

7. You are likely to get lung cancer <u>unless</u> you stop smoking.

You are likely to get lung cancer if you <u>do not</u> stop smoking.

8. No sooner had she seen me on the street <u>than</u> she cried out.

<u>As soon as</u> she <u>saw</u> me on the street, she cried out.

9. <u>Whether</u> you are rich or not is not important to me.

내 인생의 마지막
영어 문법

초판 1쇄 인쇄 2023년 9월 1일
초판 1쇄 발행 2023년 9월 7일

지은이 이상혁
교 정 설혜원
발행인 권윤삼
발행처 (주)연암사

등록번호 제2002-000484호
주 소 서울시 마포구 월드컵로165-4
전 화 02-3142-7594
팩 스 02-3142-9784

ISBN 979-11-5558-116-2 03740

값은 뒤표지에 있습니다. 잘못된 책은 바꿔드립니다.

연암사의 책은 독자가 만듭니다. 독자 여러분들의 소중한 의견을 기다립니다.
트위터 @yeonamsa
이메일 yeonamsa@gmail.com